ANA CAROLINA GALLO

PSICOLOGIA JURÍDICA

Entre a Psicologia e o Direito

Freitas Bastos Editora

Copyright © 2023 by Ana Carolina Gallo.
Todos os direitos reservados e protegidos pela Lei 9.610, de 19.2.1998.
É proibida a reprodução total ou parcial, por quaisquer meios,
bem como a produção de apostilas, sem autorização prévia,
por escrito, da Editora.

Direitos exclusivos da edição e distribuição em língua portuguesa:

Maria Augusta Delgado Livraria, Distribuidora e Editora

Direção Editorial: *Isaac D. Abulafia*
Gerência Editorial: *Marisol Soto*
Diagramação e Capa: *Julianne P. Costa*
Revisão: *Bianca Maria Moreira*

Dados Internacionais de Catalogação na Publicação (CIP) de acordo com ISBD

```
 G172p    Gallo, Ana Carolina
              Psicologia Jurídica: Entre a Psicologia e o Direi-
          to / Ana Carolina Gallo. Rio de Janeiro, RJ : Freitas
          Bastos, 2023.
              168 p.; 15,5cm x 23cm.

              Inclui bibliografia.
              ISBN: 978-65-5675-295-2

              1. Psicologia. 2. Direito. 3. Psicologia Jurídica.
          I. Título.
 2023-1389
                                                   CDD 150
                                                   CDU 159.9:34
```

Elaborado por Vagner Rodolfo da Silva - CRB-8/9410

Índices para catálogo sistemático:
1. Psicologia 150
2. Psicologia Jurídica 159.9:34

Freitas Bastos Editora

atendimento@freitasbastos.com
www.freitasbastos.com

DEDICATÓRIA

Para Valentina, minha amada filha, que me ensina a ser uma pessoa melhor a cada dia.

Para Ricardo, fonte inesgotável de apoio e amor.

PREFÁCIO

É com grande satisfação que apresento este livro, escrito pela renomada psicóloga e professora universitária Dra. Ana Carolina Gallo, que tem se dedicado incansavelmente à compreensão do comportamento humano. Com ênfase nas áreas do Direito da Criança e do Adolescente, Direito de Família e Direito do Trabalho, a obra é uma contribuição valiosa para a literatura acadêmica.

Com sua vasta experiência na área docente, a autora oferece uma visão geral das principais questões nesses campos, destacando a importância do conhecimento psicológico para melhorar a tomada de decisão judicial e a promoção de soluções mais justas e eficazes.

O Direito da Criança e do Adolescente, em particular, é um campo complexo e desafiador, que requer uma abordagem cuidadosa e sensível. A autora aborda essa questão com muita habilidade, fornecendo *insights* valiosos sobre como a Psicologia pode ajudar a melhorar o bem-estar e o desenvolvimento desses indivíduos, bem como a promover a justiça e a equidade no sistema de justiça.

Outro ponto forte deste livro é a abordagem cuidadosa e ética que a autora adota em relação ao Direito Penal, especificamente no que diz respeito à Criminologia, Vitimologia e Psicologia do Testemunho. A autora discute a importância do papel do psicólogo no sistema de justiça criminal, explorando os desafios éticos enfrentados por este profissional.

Por fim, a autora dedica uma parte do livro para discutir o papel do psicólogo no Direito do Trabalho, abordando questões centrais como o que caracteriza, ou não, assédio moral no trabalho.

Este livro é, sem dúvida, uma contribuição valiosa para a Psicologia Jurídica, e tenho certeza de que será de grande interesse e utilidade para estudantes e iniciantes interessados em compreender a interseção entre a Psicologia e o Direito.

Parabenizo a autora pela excelência de seu trabalho e pela contribuição significativa que ele representa para a literatura especializada.

Dr. José Ricardo Haddad

Advogado trabalhista com vasta experiência no campo empresarial, mestre em Direito Processual Civil e especialista em Direito e Processo do Trabalho.

SOBRE A AUTORA

Ana Carolina Gallo é uma profissional altamente capacitada, com vasta experiência em educação. Doutora em Psicologia, mestra em Educação, Psicóloga (CRP 06/188534), Pedagoga, Psicopedagoga Clínica e Institucional e Especialista em Formação de Professores para o Ensino Superior.

Docente universitária desde 2002, lecionando nos formatos presencial e remoto, nos cursos de Direito, Psicologia e Pedagogia. É professora de pós-graduação em Direito no sistema de ensino à distância desde 2013 e Coordenadora Pedagógica do renomado Instituto Vanderlei Cordeiro de Lima.

Além disso, atua como Psicóloga e Psicopedagoga Clínica, fornecendo suporte e orientação para indivíduos que precisam de ajuda para lidar com questões emocionais e comportamentais, bem como orienta e encoraja famílias no processo de educação de seus filhos.

APRESENTAÇÃO

Nas últimas décadas, a justiça tem enfrentado inúmeros desafios, tanto no que diz respeito à gestão de processos e à aplicação das leis quanto na compreensão e avaliação dos comportamentos e motivações dos indivíduos envolvidos em um processo judicial. Diante disso, a Psicologia Jurídica surge como uma área de grande importância, capaz de fornecer subsídios teóricos e práticos para lidar com tamanha complexidade, pois, ao integrar conhecimentos da Psicologia com a prática jurídica, a Psicologia Jurídica propicia uma visão mais ampla e profunda das questões envolvidas nos processos judiciais, contribuindo para uma maior justiça e equidade nas decisões tomadas.

O livro *Psicologia Jurídica: entre a Psicologia e o Direito* é uma obra que aborda a interface entre a Psicologia e o Direito, enfocando questões importantes que transitam entre as duas ciências. A Psicologia se dedica a entender os comportamentos humanos, e o Direito visa regulá-los, em busca da estabilidade social. Juntas, Psicologia e Direito têm o potencial de trazer uma compreensão mais profunda do comportamento humano e de suas motivações em contextos legais.

Isso pode ser particularmente importante em situações que as decisões tomadas pela justiça podem ter consequências significativas na vida dos envolvidos. Ao integrar conhecimentos de ambas as áreas, a Psicologia Jurídica pode fornecer informações valiosas para orientar as decisões dos profissionais do Direito, permitindo que sejam tomadas decisões justas e equitativas.

A primeira parte do livro apresenta as noções básicas da Psicologia, incluindo as principais abordagens psicológicas do século XX, como as abordagens behaviorista, psicanalítica, humanista e sistêmica, além dos processos psicológicos básicos, conceitos fundamentais para compreender o comportamento humano.

A Psicopatologia é outro tema abordado no livro, que descreve alguns transtornos mentais relevantes para o Direito, como o

Transtorno de Estresse Pós-Traumático, a Síndrome de *Burnout*, o Transtorno Explosivo Intermitente, o Transtorno de Conduta e o Transtorno de Personalidade Antissocial. Essas condições podem afetar o comportamento humano e serem consideradas em processos judiciais.

A Psicologia do Desenvolvimento também é abordada com uma descrição dos períodos do ciclo vital e suas implicações para o comportamento humano. Além disso, o texto explora a atuação do Psicólogo no poder judiciário, como perito ou assistente técnico, e também na esfera da família, criança e adolescente.

O capítulo sobre Psicologia do Testemunho apresenta conceitos importantes sobre a memória humana e os fatores que podem influenciar a lembrança de eventos, bem como os métodos utilizados para avaliar a credibilidade de testemunhas em processos judiciais.

A Criminologia é outro tema relevante, que explora as causas e consequências do comportamento criminoso, assim como os métodos de prevenção e tratamento de criminosos.

Por fim, é destacada a atuação do psicólogo jurídico no campo do Direito do Trabalho, com uma descrição dos principais desafios enfrentados pelos trabalhadores e os métodos psicológicos utilizados para avaliar o impacto psicológico de situações vivenciadas no ambiente laboral.

Psicologia Jurídica é uma leitura recomendada para profissionais da Psicologia e do Direito, como também para estudantes que desejam aprofundar seus conhecimentos nessa área interdisciplinar.

SUMÁRIO

PREFÁCIO..5
SOBRE A AUTORA...7
APRESENTAÇÃO..9

1. A INTERFACE ENTRE A PSICOLOGIA E O DIREITO......15
   1.1 A Psicologia Jurídica no Brasil..20

2. NOÇÕES DE PSICOLOGIA 23
   2.1 Principais Abordagens Psicológicas do Século XX....23
      2.1.1 Abordagem Behaviorista 24
      2.1.2 Abordagem Psicanalítica..26
      2.1.3 Abordagem Humanista...33
      2.1.4 Abordagem Cognitivo-comportamental..............36
      2.1.5 Abordagem Sistêmica 38
   2.2 Processos Psicológicos Básicos 39
      2.2.1 Sensação e Percepção 39
      2.2.2 Atenção 41
      2.2.3 Memória 42
      2.2.4 Afetividade e Emoção 43
      2.2.5 Consciência 44
      2.2.6 Pensamento 45
      2.2.7 Linguagem 46
      2.2.8 Inteligência..47
   2.3 Semiologia Psicopatológica...51
   2.4 Psicopatologia..55
      2.4.1 Transtorno de Estresse Pós-traumático 58
      2.4.2 Síndrome de *Burnout*...59
      2.4.3 Transtorno Explosivo Intermitente............................60
      2.4.4 Transtorno de Conduta...61
      2.4.5 Transtorno de Personalidade Antissocial...............61

2.5 Psicologia do Desenvolvimento 63
2.5.1 Períodos do Ciclo Vital 65

3. A ATUAÇÃO DO PSICÓLOGO NO PODER JUDICIÁRIO 77
3.1 Avaliação Psicológica no Campo Jurídico 81
3.1.1 Avaliação Psicológica no Sistema Prisional 82
3.1.2 Principais Testes Utilizados na Psicologia Jurídica 84
3.1.3 Detectores de Mentiras 87
3.1.4 O Psicólogo Jurídico Enquanto Mediador de Resolução de Conflitos 88

4. PSICOLOGIA DO TESTEMUNHO 91
4.1 O Fenômeno das Falsas Memórias 93
4.2 Depoimento sem Dano 100
4.3 Análise do Filme: "Doze Homens e uma Sentença" .. 112

5. CRIMINOLOGIA 115
5.1 Vitimologia 117
5.2 Teoria da Crença no Mundo Justo 120

6. A PSICOLOGIA JURÍDICA NA ESFERA DA FAMÍLIA, CRIANÇA E ADOLESCENTE 127
6.1 Violência Doméstica 127
6.2 O Divórcio 131
6.3 A Alienação Parental 132
6.4 Os Direitos Fundamentais da Criança e do Adolescente 133
6.5 As Medidas Protetivas e Socioeducativas Previstas no ECA 135
6.5.1 A Atuação do Psicólogo na Colocação de Crianças e Adolescentes em Famílias Substitutas 138

7. A PSICOLOGIA JURÍDICA APLICADA AO CAMPO DO TRABALHO...141
   7.1 Posicionamento do CFP sobre a Perícia Psicológica Especificamente em Situações de Assédio no Trabalho...153

NÃO SE PODE FALAR EM FIM 155

REFERÊNCIAS..157

1.
A INTERFACE ENTRE A PSICOLOGIA E O DIREITO

A Psicologia Jurídica é uma área da Psicologia que se dedica ao estudo do comportamento humano em contextos jurídicos, especificamente. Para compreender os meandros desta ciência, transitaremos pela Psicologia e pelo Direito até que seus caminhos se encontrem.

Ainda que pareça controverso, a Psicologia pode ser considerada uma ciência muito antiga e extremamente recente, a depender da leitura que se faça sobre sua origem.

Considerando como ponto de partida a independência da Psicologia de outras ciências e, sobretudo, da Filosofia, a história é recente, contando aproximadamente 140 anos. No Brasil, apesar de a regulamentação da profissão de psicólogo ter ocorrido apenas no ano de 1962, pela Lei nº 4.119/1962[1], a prática já existia, e foi graças ao grande empenho e ativa manifestação dos psicólogos especialistas membros de comunidades científicas da época, que houve o reconhecimento legal da profissão (Miranda & Santos, 2022)[2].

---

[1] A Lei dispõe sobre os cursos de formação em Psicologia e regulamenta a profissão de psicólogo no país. Abarca, ainda, os critérios mínimos para ingresso no curso de graduação, bem como os direitos conferidos aos diplomados.

[2] MIRANDA, R. L.; & SANTOS, L. R. da S. História e memória da profissão de psicólogo no Brasil: Legislações e contexto sócio-histórico (1940-1950). *Memorandum: Memória E História Em Psicologia*, 39, 2022. https://doi.org/10.35699/1676-1669.2022.35360

Por outro lado, tomando como princípio a atuação dos primeiros filósofos que se dedicaram a pensar o comportamento, os pensamentos e as emoções humanas, a Psicologia data de mais de dois mil anos (Schultz & Schultz, 2005)[3]. Transcorrido esse longo período de tempo, a maior mudança que se observou ocorreu no último quarto do séc. XIX, ocasião em que os filósofos passaram a empregar os métodos utilizados nas Ciências Biológicas para compreender os fenômenos da natureza humana. Apesar de confiarem nos dados que observavam, notaram a necessidade de uma nova metodologia e instrumentos especificamente voltados à compreensão da mente humana.

O responsável pelo avanço da Psicologia moderna foi Wilhelm Wundt[4] (1832-1920), psicólogo alemão, que inaugurou no ano de 1879, o primeiro laboratório de Psicologia experimental em Leipzig, na Alemanha. Wundt dedicou-se a sistematizar metodologicamente, por meio de experimentos, uma base científica que pudesse ser replicada, tendo como objeto de estudo a estrutura consciente da mente, em especial, as sensações (Araujo, 2009)[5].

Foi Wundt quem proporcionou à Psicologia o *status* de ciência, mas, apesar de sua grande contribuição, sua abordagem foi duramente criticada por ser reducionista ao limitar a complexidade da experiência humana às sensações, assim como pela falta de objetividade do método da introspecção (Schultz & Schultz, 2005)[6]. Desde então, a Psicologia evoluiu, encontrou novas vertentes, diferentes

---

[3] SCHULTZ, D. P.; SCHULTZ, S. E. *História da Psicologia Moderna*. São Paulo: Pioneira Thompson Learning, 2005.

[4] Wilhelm Maximilian Wundt (1832-1920), considerado o pai da Psicologia, foi um importante filósofo, médico e psicólogo alemão. Foi o responsável por ministrar o primeiro curso de Psicologia Experimental em todo o mundo. Foi na Universidade de Leipzig que ele inaugurou o primeiro laboratório de Psicologia Experimental, marco decisivo para separar a Psicologia da Filosofia e da Biologia.

[5] ARAUJO, Saulo de Freitas. Wilhelm Wundt e a fundação do primeiro centro internacional de formação de psicólogos. *Temas psicol.*, Ribeirão Preto, v. 17, n. 1, p. 09-14, 2009. Disponível em <http://pepsic.bvsalud.org/scielo.php?script=sci_arttext&pid=S1413-389X2009000100002&lng=pt&nrm=iso>. Acessos em 01 abr. 2023.

[6] SCHULTZ, D. P.; SCHULTZ, S. E. *História da Psicologia Moderna*. São Paulo: Pioneira Thompson Learning, 2005.

abordagens fundamentadas em distintas escolas e se consolidou no mundo, passando a ser reconhecida, posteriormente, pela ciência jurídica.

O Direito, por sua vez, é uma ciência ainda mais estreita à história humana, pois, independentemente da localidade e do tempo, desde que haja uma civilização, existem relações sociais, conflitos e a necessidade de regulação desta sociedade. O Direito surge com a civilização humana, pois desde o momento em que teve início uma civilização, concomitantemente, surgiu o Direito, já que ele se nutre das relações humanas e as regula. Assim, não se pode segmentar a história da humanidade da história do Direito, uma vez que elas se retroalimentam (Azevedo, 2005)[7].

Aqui se cruzam os caminhos destas duas ciências, a Psicologia dedicada a compreender os comportamentos humanos e o Direito destinado a regulá-los, em busca do equilíbrio social.

Foi a desarmonia social que deu causa para que o Direito buscasse suporte na Psicologia, pois o convívio entre iguais tornou-se desajustado e crimes bárbaros, que não tinham uma motivação passível de ser explicada, passaram a ser recorrentes. Assim, o interesse da ciência jurídica na Psicologia consistiu, inicialmente, em encontrar explicações para tais atos.

Um dos primeiros estudiosos do tema foi Cesare Lombroso (1835-1909), médico psiquiatra, antropólogo e criminologista que propôs o estudo da antropologia criminal, ancorado na tese evolucionista do criminoso nato. Para ele, o comportamento criminoso seria uma condição atávica, ou seja, o delinquente era vítima de influências hereditárias primitivas, sendo elas físicas e mentais, o que possibilitaria identificar, por meio das características corporais, aquele indivíduo destinado ao crime (Alvarez, 2002)[8]. O fato de o ato criminoso não ser deliberado, mas determinado pela sua carga genética, implica equivaler o criminoso a uma pessoa doente, incapaz de responder por seus atos.

---

[7] AZEVEDO, Luis Carlos de. *Introdução à História do Direito*. São Paulo: Revista dos Tribunais, 2005.
[8] ALVAREZ, Marcos César. A criminologia no Brasil ou como tratar desigualmente os desiguais. Dados-*Revista de Ciências Sociais*, p. 677-704, 2002.

Na mesma época, o psicólogo francês Alfred Binet[9] (1857-1911), conhecido por desenvolver o primeiro teste de inteligência moderno, o Teste de Binet-Simon, também demonstrou interesse em aplicar seus métodos de avaliação psicológica a outros contextos, incluindo a avaliação da responsabilidade criminal e a capacidade de testemunhar.

Segundo Fancher e Rutherford (2020)[10], Binet acreditava que a capacidade de uma pessoa de testemunhar, assim como se responsabilizar por seus atos, estava diretamente relacionada à sua inteligência e compreensão do mundo ao seu redor e, diante disso, desenvolveu testes para avaliar essas capacidades.

O referido psicólogo acreditava que o sistema legal deveria levar em consideração a capacidade mental de um acusado ao julgar sua responsabilidade criminal e que muitas pessoas estavam sendo condenadas injustamente devido às suas limitações cognitivas. Assim, esperava que seus testes pudessem ajudar a identificar pessoas que precisavam de ajuda especial, em vez de, simplesmente, serem punidas por seus crimes.

Diante de tamanhas contribuições, no início do século XX, a Psicologia Jurídica começou a se desenvolver como um campo de estudo autônomo, com a criação de tribunais especializados em questões psicológicas nos Estados Unidos. Durante a Segunda Guerra Mundial, a Psicologia Jurídica foi usada para aferir a capacidade mental de soldados com problemas psicológicos e desenvolver programas de reabilitação. Desde então, essa área tem se expandido a partir dos estudos e práticas de pesquisadores e profissionais que se empenham em compreender e avaliar a sanidade mental, a seleção de jurados, a avaliação de testemunhas e a prevenção da violência doméstica.

É seguro dizer que, apesar de já consolidada, ainda hoje a Psicologia Jurídica é uma área em construção porque está buscando

---

[9] Alfred Binet foi um pedagogo e psicólogo francês que dedicou sua vida acadêmica aos estudos psicométricos. Ainda hoje é mundialmente conhecido pelo primeiro teste de inteligência e aferição de QI.
[10] FANCHER, R. E., & RUTHERFORD, A. *Pioneers of psychology*. WW Norton & Company, 2020.

espaço no campo jurídico que, historicamente, se caracteriza por sua impermeabilidade. Mas como estreitar o alinhamento entre tais ciências diante de tantas diferenças, evitando que a Psicologia seja uma auxiliar do Direito?

Trindade (2017)[11] afirma que quando o mundo pós-moderno compreender que nunca se produziu tanto conhecimento como na era da globalização, terá consciência dos benefícios da integração em vez da segregação, do todo em detrimento da parte e da universalização frente à individualização. Diante da complexidade do mundo, não se pode continuar fazendo ciência de forma reducionista, cada qual olhando apenas para seu objeto de estudo.

As ciências precisam se valer de conexões para que sejam capazes de atender às novas demandas da humanidade e isso se aplica à Psicologia e ao Direito, que, enquanto ciências autônomas, possuem papéis cruciais à humanidade, mas, juntas, adquirem outro *status*, mais amplo e complexo, uma vez que se complementam.

Segundo Trindade (2017)[12], a Psicologia é *para* o Direito, ou seja, serve a ele, não tem permissão para pensá-lo ou examiná-lo. Porém, ainda que seja considerada exterior ao Direito, não é exterior à justiça. Vale salientar que são muitos os casos de erros judiciais decorrentes de desconhecimento dos processos psicológicos básicos do ser humano, como percepção, a memória e as emoções, por exemplo. Ainda, quantos conflitos jurídicos são frutos de transtornos psicológicos que ditam comportamentos incompatíveis com a lei? Quantos inocentes são acusados e condenados por crimes que não cometeram?

Talvez tais indagações expliquem o motivo de a disciplina Psicologia Jurídica ser ofertada nas grades curriculares dos cursos de Psicologia e Direito, uma vez que oferece subsídio aos futuros profissionais para que atuem respaldados pelos fundamentos científicos que explicam o comportamento humano e sua regulação social, conforme preconizam as áreas, respectivamente.

---

[11] TRINDADE, J. *Manual de Psicologia Jurídica para operadores do Direito*. Porto Alegre: Livraria do Advogado, 2017.
[12] Idem.

1.1 A Psicologia Jurídica no Brasil

A Psicologia Jurídica é uma área da Psicologia que tem por finalidade aplicar os saberes e técnicas psicológicas ao contexto jurídico, contribuindo para a compreensão dos comportamentos humanos e favorecendo a resolução de situações que envolvam a justiça.

Estabelecer o marco inicial da Psicologia Jurídica no Brasil é um desafio, pois existem registros de diferentes referenciais históricos que se complementam e contribuem para a aproximação, sendo que, um dos primeiros apontamentos pertinentes à área remonta ao final do século XIX, especificamente no ano de 1898, ocasião em que o psiquiatra Afrânio Peixoto apresentou sua tese intitulada "Epilepsia e crime"[13].

No entanto, foi somente na década de 1960, por meio de trabalhos voluntários, que alguns psicólogos passaram a atuar em penitenciárias e, depois, em Instituições de Acolhimento de jovens infratores. Lenta e gradualmente, a atuação desses profissionais se mostrou importante no campo da avaliação psicológica dos transgressores da lei. Aos psicólogos, eram encaminhados aqueles indivíduos com menor grau de comprometimento ou severidade, restando aos psiquiatras os condenados mais severos (Rovinski & Cruz, 2009)[14].

Passada uma década, no ano de 1973, a Universidade de São Paulo (USP) passou a oferecer o Curso de Especialização em Psicologia Jurídica, uma das primeiras iniciativas de ensino formal da área. No ano de 1975, pouco tempo após, foi fundada a Associação Brasileira de Psicologia Jurídica (ABPJ).

O campo da Psicologia Jurídica expandiu suas fronteiras com a criação de novos cursos de especialização na área e, no ano de 1985, com a criação do Conselho Federal de Psicologia (CFP), a atuação do psicólogo jurídico foi regulamentada no Brasil.

Oficialmente, só após a promulgação da Lei de Execução Penal (Lei federal nº 7.210/84)[15], o psicólogo foi admitido como um dos

---

[13] PEIXOTO, Afrânio. *Epilepsia e Crime*. [Tese de Doutorado]. Salvador da Bahia: V. Oliveira & Comp, 1898.
[14] ROVINSKI, S. L. R.; CRUZ, R. M. *Psicologia Jurídica – perspectivas teóricas e processos de intervenção*. São Paulo: Vetor, 2009.
[15] BRASIL. Lei nº 7.210, de 11 de julho de 1984. Lei de Execução Penal.

membros do pessoal dos Estabelecimentos Penais, inclusive, havendo previsão para que exerça a função de direção destas instituições, conforme previsto:

> **LEI Nº 7.210, DE 11 DE JULHO DE 1984**
> Institui a Lei de Execução Penal.
>
> **SEÇÃO III**
> **Da Direção e do Pessoal dos Estabelecimentos Penais**
>
> Art. 75. O ocupante do cargo de diretor de estabelecimento deverá satisfazer os seguintes requisitos:
> I - ser portador de diploma de nível superior de Direito, ou Psicologia, ou Ciências Sociais, ou Pedagogia, ou Serviços Sociais;

Ainda que o crime tenha servido de porta de entrada para a Psicologia na esfera jurídica, outras áreas, além do Direito Penal, se aproximaram da especialidade. Registros apontam o ano de 1980 como o marco inicial da Psicologia na área de família, ocasião em que psicólogos voluntários orientavam indivíduos que apresentavam certa desestruturação familiar e eram encaminhados por assistentes sociais que visavam a manutenção das crianças nesses núcleos familiares.

Essa importante atuação junto às famílias causou grande impacto na sociedade, sendo decisiva para o Tribunal de Justiça de São Paulo (TJ-SP) realizar o primeiro concurso público para psicólogos jurídicos no ano de 1985. Posteriormente, graças ao Estatuto da Criança e do Adolescente (ECA) homologado em 1990, o mesmo tribunal promoveu concurso público para psicólogos atuarem nas Varas da Infância e Juventude, tamanha foi a importância desses profissionais na análise de cada caso, considerando as especificidades e contexto que permeiam a situação judicial (Cesca, 2004)[16].

---

[16] CESCA, T. B. *O papel do psicólogo jurídico na violência intrafamiliar: possíveis articulações.* Psicologia e Sociedade. 16(3): 41-56; set/dez. 2004.

Desde então, houve uma ampliação na gama de atuação dos psicólogos jurídicos no país, abarcando a justiça criminal, a justiça do trabalho e a justiça civil, além de forte atuação em programas de prevenção e tratamento da violência doméstica, na avaliação psicológica de candidatos a cargos públicos e em processos de mediação e conciliação (Lima, 2012)[17].

Atualmente, existem importantes espaços de construção acadêmica sobre a atuação do psicólogo jurídico no país, além de importantes iniciativas de formação (Sawaya, 2004)[18]. Contudo, a revisão literária evidencia que, apesar da aproximação entre Psicologia e Direito, o que existe no Brasil é a Psicologia justaposta ao Direito, a serviço dele. É chegado o tempo de conferir à Psicologia Jurídica sua justa importância, tendo em vista que ela é mais do que um instrumento do Direito, mas um território complexo que está por ser explorado pela transdisciplinaridade (Trindade, 2017)[19].

> **Para saber mais**
> www.historiaeloucura.gov.br
>
> Neste site, você terá acesso a um grande repertório de documentos brasileiros sobre a história da Psicologia, psiquiatria e saúde mental no país, além de imagens, vídeos e cartografias relativos ao tema. É possível acessar transcrições de prontuários médicos psiquiátricos de antigos manicômios judiciais do país.

---

[17] LIMA, M. E. *Manual de Psicologia Jurídica para operadores do Direito*. São Paulo: Atlas, 2012.
[18] SAWAYA, S. M. *Psicologia Jurídica no Brasil: perspectivas*. São Paulo: Vetor, 2004
[19] TRINDADE, J. *Manual de Psicologia Jurídica para operadores do Direito*. Porto Alegre: Livraria do Advogado, 2017.

2.
NOÇÕES DE PSICOLOGIA

Este capítulo versará sobre algumas noções introdutórias de Psicologia, visando oferecer subsídio mínimo necessário à compreensão do funcionamento psicológico humano. Para isso, serão apresentadas as principais abordagens psicológicas que, hoje, ocupam importante papel na prática da clínica psicológica ou que serviram de alicerce para o surgimento de outras escolas. Serão apresentados os processos psicológicos básicos e possíveis alterações que, vez ou outra, podem manter relação com a justiça. Por fim, serão abordados conceitos centrais da Psicologia do desenvolvimento.

2.1 Principais Abordagens Psicológicas do Século XX

Psicologias, no plural. Assim deveria ser denominada a ciência multifacetada que estuda o comportamento humano e os processos mentais subjacentes a ele. Dada a sua complexidade, diferentes perspectivas teóricas se dispõem a essa tarefa compreensiva, cada qual enfatizando diferentes aspectos do comportamento e adotando distintas metodologias para compreendê-lo.

Cada uma dessas abordagens oferece uma compreensão única do comportamento humano e ressalta diferentes aspectos, como a importância do ambiente, das emoções, da cognição, da experiência pessoal, dos impulsos inconscientes, da evolução e das relações sociais. Segundo Bock e Furtado (2009)[20], é fundamental que exista

---

[20] BOCK, Ana B.; FURTADO; Odair; TEXEIRA, M. de L. *Psicologias: uma introdução ao estudo de Psicologia*. São Paulo: Saraiva, 2009.

interdisciplinaridade na Psicologia, dada a necessidade de comungar vários desses aspectos no estudo do comportamento humano. Daí a importância de transitar pelas principais escolas a fim de se compreender sua visão de homem e de mundo.

As abordagens psicológicas mais conhecidas são: a comportamental, a psicanalítica, a humanista, a cognitivo-comportamental e a sistêmica. Contudo, vale ressaltar que, além de haver dezenas de escolas que se originaram destas, a Psicologia é uma ciência em constante evolução, com novas teorias, métodos e escolas surgindo a partir do aprofundamento da compreensão da mente e do comportamento humano.

A seguir, você terá contato com alguns conceitos fundamentais de cada uma delas. Não se sinta obrigado a concordar com as concepções que serão apresentadas, apenas deixe fluir cada uma delas e perceba se alguma lhe parece fazer mais sentido.

2.1.1 Abordagem Behaviorista

O behaviorismo (que significa comportamento, em inglês) é atribuído a Watson (1878-1958), que ao publicar seu "manifesto behaviorista" propôs o abandono da introspecção defendida por Thorndike, em favor da observação direta do comportamento, assegurando ser o único método possível de executar uma Psicologia cientificamente comprovada (Tourinho, 2011).[21]

Algumas concepções propostas por Watson foram amplamente divulgadas, sendo muitas delas refutadas e algumas validadas. Dentre aqueles que se basearam em algumas das ideias propostas por Watson está Burrhus Frederic Skinner (1904-1990), que ficou mundialmente reconhecido por propor o condicionamento operante como alicerce para o Behaviorismo Radical (Baum, 2007)[22]. No entanto,

---

[21] TOURINHO, E. Z. *Notas sobre o behaviorismo de ontem e de hoje*. Psicol. Reflex. Crit. 24 (1), 2011.

[22] BAUM, W. M. *Compreender o Behaviorismo: comportamento, cultura e evolução*. Porto Alegre: Artmed, 2007.

além do operante, existem outros tipos de comportamentos humanos que foram categorizados por Skinner como os comportamentos reflexos e os voluntários.

O comportamento operante é influenciado pelo ambiente, o qual emite um estímulo que leva a um comportamento observável. Por outro lado, o comportamento reflexo é realizado de forma involuntária pelo indivíduo. Enquanto isso, o comportamento voluntário é uma ação consciente do indivíduo em relação a algo que acontece no ambiente (Hübner & Moreira)[23].

Segundo Skinner (2006)[24], todos os comportamentos humanos podem ser influenciados e moldados por meio do controle dos estímulos presentes no ambiente. De acordo com essa visão, é possível criar ou eliminar comportamentos ao inserir ou remover estímulos específicos no meio ambiente.

Existem, segundo ele, três categorias de estímulos, sendo o reforço positivo, o reforço negativo e a punição. O reforço positivo é um estímulo aplicado em um indivíduo, tão logo apresente um comportamento desejado, o que vai aumentar a probabilidade de o repetir no futuro. Com o mesmo propósito de que o comportamento permaneça futuramente, aplica-se o reforço negativo, que consiste na retirada de um estímulo aversivo.

A punição, por sua vez, tem como objetivo extinguir comportamentos indesejáveis, podendo ser negativa – quando um estímulo desejado pelo organismo é retirado – ou positiva – quando um estímulo aversivo é introduzido.

---

[23] HÜBNER, M. M. C.; MOREIRA, M. B. *Temas clássicos da Psicologia sob a ótica da Análise do Comportamento*. Rio de Janeiro: Guanabara Koogan, 2012.
[24] SKINNER, B. F. *Sobre o Behaviorismo*. São Paulo: EPU, 2006.

> **Você sabia ??**
> Nos Estados Unidos a disciplina imposta por meio de punição corporal é autorizada em dezenove dos cinquenta estados americanos. O uso da palmatória, utensílio feito em madeira com aproximadamente 40 cm de comprimento e 5 cm de largura, é comum em escolas que adotam tal prática. Os golpes são desferidos nas nádegas ou nas mãos dos alunos por professores, diretores ou outro funcionário autorizado. As motivações para a agressão variam desde brigas até mascar chiclete em ambiente proibido.
> Fonte: BBC News. Disponível em: www.bbc.com/portugue-se/internacional-47622799. Acesso em 15/10/2022.

2.1.2 Abordagem Psicanalítica

A Psicanálise é uma das abordagens mais conhecidas da Psicologia. O fundador da Psicanálise foi Sigmund Freud (1856-1939), neurologista e psiquiatra austríaco, que propôs uma teoria revolucionária sobre o aparelho psíquico, além da prática clínica que revolucionou a compreensão da mente humana e da Psicopatologia. Seu objetivo foi investigar os processos mentais inconscientes que influenciavam o comportamento humano e, para isso, valeu-se de observações de pacientes com transtornos psicológicos, em especial, a histeria (Schultz & Schultz, 2005)[25].

Em sua primeira abordagem topográfica, três regiões mentais foram distinguidas: o consciente, local de ideias que estão disponíveis à consciência; o pré-consciente, que acumula o conteúdo suscetível de se tornar consciente; e o inconsciente, localização de tudo o que foi reprimido da consciência e se tornou inacessível a ela.

---

[25] SCHULTZ, D. P.; SCHULTZ, S. E. *História da Psicologia Moderna*. São Paulo: Pioneira Thompson Learning, 2005.

Pode-se relacionar a tópica freudiana a um *iceberg*[26], sendo a consciência representada pelo topo, ou seja, os componentes que estão acessíveis ao indivíduo encontram-se ali; o pré-consciente representado pela parte intermediária entre o topo e a base; e a base, área composta por conteúdos que não estão totalmente disponíveis à consciência, mas quando evocados pela memória emergem; e o inconsciente, a maior porção, composta por conteúdos que não estão deliberadamente disponíveis à consciência.

Em sua segunda tópica, Freud propôs novas instâncias psíquicas: o id, o ego e o superego, sendo que, cada uma delas habita, predominantemente, uma das áreas do *iceberg*, como veremos a seguir:

O id é a parte mais primitiva e inconsciente da personalidade, sendo considerado o primeiro componente a se desenvolver, portanto, estando presente desde o nascimento. É responsável pelos impulsos instintivos e desejos mais básicos. Freud (1997)[27], descreve que o id opera de acordo com o princípio do prazer, assim, busca a satisfação imediata das necessidades e desejos biológicos, sem considerar as consequências ou as limitações impostas pelas normas sociais. O id é a fonte de energia psíquica ou libido, que impulsiona o comportamento humano.

A segunda estrutura fundamental da personalidade humana, segundo Freud (1997)[28], é o ego, responsável pela mediação entre as demandas conflitantes do id e do mundo externo, buscando soluções equilibradas que satisfaçam ambas as partes. O ego é a parte da personalidade que tem contato com o mundo externo e que busca satisfazer as necessidades e desejos do id de maneira adaptativa, ou seja, respeitando as normas e valores sociais e culturais que impõem alguns ajustes.

---

[26] Um iceberg é uma grande massa de gelo flutuante que se desprendeu de uma geleira ou de uma plataforma de gelo e se desloca através das águas. Embora os icebergs sejam feitos de água congelada, eles também podem conter pequenas quantidades de rochas, sedimentos e outros materiais que foram capturados durante o processo de formação. Os icebergs são conhecidos por representar um risco para a navegação, pois podem ser difíceis de detectar, uma vez que a parte visível e ínfima se comparada àquela está debaixo d'água.
[27] FREUD, S. *O ego e o id*. Rio de Janeiro: Imago, 1997.
[28] Idem.

Diferentemente do id, que age com base no princípio do prazer, o ego atua sob as diretrizes do princípio da realidade, ou seja, considerando as condições do mundo externo e buscando encontrar saídas viáveis para os conflitos e desejos internos. Além de ser responsável pela capacidade de pensar, planejar, tomar decisões e controlar impulsos, o ego é regido pela razão e pelo pensamento lógico, diferentemente do id, que é governado pelos impulsos instintivos e pelos desejos primitivos.

O último componente da personalidade a se desenvolver, ao lado do id e do ego, é o superego que representa a internalização das normas e valores morais e sociais, sendo responsável por impor os ideais de perfeição e moralidade que regem o comportamento humano. Pode-se afirmar que o superego é o pai da mente, pois ele é constituído a partir da incorporação de regras e proibições culturais que são introjetadas ao longo do processo de socialização, normalmente por meio de figuras de autoridade como pais, professores, religião etc.

Oposto ao id, o superego opera de acordo com o princípio da moralidade, sendo responsável por inibir os impulsos instintivos e os desejos do id, bem como controlar as ações do ego, buscando, assim, a satisfação dos ideais de perfeição e moralidade.

> **Você sabia ??**
> Com certeza, você se lembra de algum episódio que viveu ao longo de sua vida no qual passou vergonha publicamente, seja na escola, na rua ou em família, correto? Ou ainda, já se fez algo pelo que se culpou, não é mesmo? Segundo a tópica freudiana, o superego é a fonte do sentimento de culpa e vergonha, por exemplo.

A fim de tornar as peculiaridades de cada instância psíquica mais objetivas e facilitar sua compreensão sobre elas, leia a tabela a seguir, que, além de apresentar as finalidades do id, ego e superego, oferecerá exemplos de comportamentos ensejados por cada um deles.

Tabela 1. Comparativo entre as instâncias psíquicas, suas funções e exemplos aplicados.

Instância psíquica	Finalidade	Exemplo de comportamento
Id	O id é responsável pelos impulsos instintivos e desejos mais básicos.	Pode levar a comportamentos impulsivos, como flertar com alguém de forma intensa, sem se importar com as consequências ou com a situação social em que se encontra.
Ego	O ego é responsável por encontrar um equilíbrio entre os desejos do id e as demandas da realidade	Tomar decisões baseadas em considerações racionais e lógicas, como escolher uma carreira com base nas habilidades e interesses pessoais, em vez de simplesmente seguir o impulso do momento.
Superego	O superego é responsável pelo senso de moralidade e ética do indivíduo.	Não tomar para si uma fruta da árvore de algum jardim particular, ainda que esteja com muita vontade.

Ao comparar a finalidade de cada uma das instâncias psíquicas, você notou que, se elas fossem placas, cada uma apontaria um caminho, tamanha diferença que têm entre si. Ou seja, existem conflitos internos e externos que exigem um papel ativo do ego a fim de manter o equilíbrio psíquico e reduzir a ansiedade causada no indivíduo.

É importante destacar que a segunda tópica não substitui a primeira, mas mantém com ela uma relação dialética, tornando a estrutura mais complexa. Nela, uma porção do ego e uma do superego foram reconhecidas como inconscientes, por sua vez, os componentes do id não podem se tornar conscientes sem que se transformem em representações. Acompanhe a ilustração a seguir, que representa a sobreposição entre a primeira e a segunda tópica freudiana.

Figura 1. O iceberg representando as tópicas de Freud

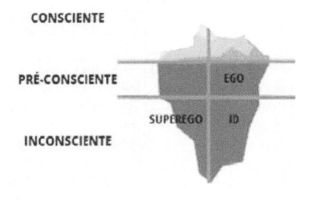

Fonte: Autoria própria.

Para isso, existem alguns recursos de proteção do ego, denominados de mecanismos de defesa do ego, que exercem, com maestria, sua função. A ideia é proteger o ego de pensamentos e emoções ameaçadoras e, por isso, os mecanismos de defesa são determinados pela forma como o ego está organizado. Assim, se estiver bem, reage de forma mais consciente e racional, porém, diante de algum conteúdo psíquico que possa gerar sentimentos de medo, culpa e ansiedade excessiva, por exemplo, o ego será protegido de maiores danos.

Acompanhe alguns desses mecanismos, pois existem muitos, inclusive conceituados por outros autores da Psicanálise.

Repressão: É o mecanismo mais básico e que consiste em empurrar pensamentos, sentimentos, tabus e desejos desagradáveis para o inconsciente. É essencial para a saúde psicológica e é necessária para evitar que conflitos psíquicos se tornem conscientes e causem angústia. Por exemplo, diante da morte de um filho, a mãe não consegue se lembrar do momento que recebeu a notícia, como se aquilo nunca houvesse acontecido. O sofrimento do ego é tamanho que a situação fica reprimida, não sendo possível sua evocação.

Projeção: Nesse mecanismo de defesa, o indivíduo imputa a outra pessoa seus próprios pensamentos, sentimentos ou impulsos inaceitáveis. Por exemplo, uma pessoa que sente inveja de outra acusa essa de invejá-la.

Sublimação: É um mecanismo de defesa em que a pessoa canaliza seus impulsos e emoções inaceitáveis em atividades socialmente aceitas e produtivas. Por exemplo, uma pessoa com impulsos agressivos pode canalizá-los em atividades profissionais que exijam força física como se tornar um cirurgião ortopédico.

Racionalização: É um dos mecanismos de defesa mais comuns. Trata-se da defesa baseada na negação da dor. Por exemplo, um jovem que se preparou durante anos para o vestibular, mas não foi aprovado, em vez de reconhecer sua frustração, busca explicações para justificar que esse foi o melhor resultado, pois não era um bom momento para iniciar os estudos.

Formação reativa: É um dos mecanismos de proteção mais frequentes, embora difícil de identificar. Nele o indivíduo exibe ações contrárias aos seus impulsos inconscientes. Por exemplo, um filho pode sentir muita raiva da mãe por algum motivo, mas para compensar esses sentimentos, adota comportamentos que a enaltecem. Esse tipo de comportamento pode levar o filho a viver em função de agradar a mãe, colocando de lado seus próprios objetivos.

As observações feitas por Freud, assim como suas experiências pessoais, contribuíram para que fosse desenvolvida uma teoria psicossexual que desempenha importante papel no desenvolvimento humano (Laplanche, 1997)[29]. Ele foi duramente criticado na época que apresentou os cinco estágios do desenvolvimento psicossexual, pois associou cada uma das etapas a uma zona erógena correspondente, mas isso não mantinha qualquer relação com prazer sexual.

Fase oral (0 a 18 meses): Nessa fase, a zona erógena é a boca e o bebê obtém prazer através da sucção e da alimentação. A fixação nessa fase pode levar a comportamentos como fumar ou comer em excesso na vida adulta.

---

[29] LAPLANCHE, J. *Freud e a sexualidade*. Rio de Janeiro: Jorge Zahar, 1997.

Fase anal (18 meses a 3 anos): Nessa fase, a zona erógena é o ânus e a criança obtém prazer através da retenção e expulsão de fezes. A fixação nessa fase pode levar a comportamentos como ser excessivamente controlador ou rebelde na vida adulta.

Fase fálica (3 a 6 anos): Nessa fase, a zona erógena são as genitálias e a criança desenvolve uma forte atração pelo pai ou pela mãe do sexo oposto. A criança experimenta sentimentos conflitantes de amor, medo, ciúme e rivalidade em relação ao progenitor do mesmo sexo e ao progenitor do sexo oposto.

Fase de latência (6 a 12 anos): Nessa fase, a sexualidade é reprimida e a criança concentra sua energia em atividades escolares e sociais. Essa fase é muito importante para a formação da personalidade e do caráter.

Fase genital (adolescência em diante): Nessa fase, a zona erógena volta a ser a genitália e a energia sexual é direcionada para relacionamentos amorosos maduros.

As fases do desenvolvimento psicossexual de Freud são discutidas e debatidas na Psicologia contemporânea, entretanto, a importância do desenvolvimento da identidade de gênero e da resolução dos conflitos afetivos na infância continua sendo um tema central na Psicologia do desenvolvimento e em outras áreas da Psicologia (Zornig, 2008)[30].

Embora algumas ideias de Freud tenham sido criticadas ou refutadas, muitos conceitos da sua teoria ainda são considerados relevantes para a compreensão do desenvolvimento humano. Além disso, a importância da sexualidade na vida humana continua sendo um tema central na Psicologia contemporânea, com abordagens mais atuais que buscam integrar as perspectivas psicodinâmicas e evolutivas para entender as origens e os efeitos da sexualidade humana.

---

[30] ZORNIG, S. M. A. *As teorias sexuais infantis na atualidade: algumas reflexões*. Psicologia em Estudo, Maringá, v. 13, n. 1, p. 73-77, jan./mar., 2008.

> **Para saber mais** 💡
> A seguir, serão listadas algumas das principais obras de Freud, essenciais àqueles interessados em compreender sua abordagem.
> *A Interpretação dos Sonhos:* publicado em 1899, este é considerado o trabalho seminal de Freud e aborda a teoria da psicanálise, incluindo as tópicas freudianas. Ele argumenta que a mente humana é dividida em três partes: o id, o ego e o superego.
> *O Ego e o Id:* publicado em 1923, este trabalho de Freud expande sua teoria das três partes da mente e introduz a ideia do ego como uma parte mediadora entre o id e o mundo exterior.
> *Além do Princípio do Prazer:* publicado em 1920, este trabalho de Freud descreve sua teoria sobre a pulsão de vida e a pulsão de morte, bem como sua crença de que o instinto humano é dirigido não apenas pelo prazer, mas também pelo desejo de evitar a dor.
> *Três Ensaios sobre a Teoria da Sexualidade:* publicado em 1905, este trabalho de Freud é considerado um dos seus mais influentes e discute a ideia de que a sexualidade é uma força poderosa na formação da personalidade humana.
> *O Mal-Estar na Civilização:* publicado em 1930, este trabalho de Freud argumenta que a civilização é inerentemente conflituosa com as pulsões instintivas dos indivíduos e que o preço que pagamos pela civilização é a repressão dos desejos.

2.1.3 Abordagem Humanista

Abraham Maslow (1908-1970)[31] foi um psicólogo americano que ficou conhecido por sua teoria da hierarquia das necessidades humanas e por ser um dos fundadores da abordagem humanista na Psicologia.

---

[31] Em 1966, Maslow foi eleito presidente da *American Psychological Association* (APA).

A teoria desenvolvida por ele foi motivada pela sua insatisfação com a Psicologia Comportamental e a Psicanálise (Branco & Silva, 2017)[32]. A Psicologia humanista se concentra na experiência individual do ser humano e enfatiza o potencial positivo e o crescimento pessoal das pessoas, por isso, essa abordagem contrasta com as abordagens psicológicas mais tradicionais, como o behaviorismo e a psicanálise, que se concentram em aspectos mais negativos da vida, como o condicionamento e os conflitos inconscientes.

A teoria humanista do psicólogo norte-americano categoriza as necessidades humanas em cinco níveis: necessidades fisiológicas, necessidades de segurança, necessidades sociais, necessidades de estima e necessidades de autorrealização. Essa teoria sugere que as necessidades humanas são organizadas hierarquicamente, de modo que as necessidades mais básicas precisam ser atendidas antes que as necessidades mais elevadas possam ser alcançadas.

Veja, na Figura 2, a disposição da teoria hierárquica das necessidades humanas proposta por Maslow.

Figura 2. Pirâmide da hierarquia das necessidades de Maslow

Fonte: Autoria própria.

---

[32] BRANCO, P. C. C.; SILVA, L. X. de B. Psicologia humanista de Abraham Maslow: recepção e circulação no Brasil. *Rev. abordagem gestalt.*, Goiânia, v. 23, n. 2, p. 189-199, ago. 2017.

Cada um dos níveis propostos por ele dizem respeito a um conjunto de necessidades que serão detalhadas a seguir.

Necessidades fisiológicas: são as necessidades mais básicas e incluem as necessidades de sobrevivência, como água, comida, abrigo, ar e sono. Quando satisfeitas, deixam de ser motivadoras. Exemplos: comer quando se está com fome, beber água quando se está com sede, dormir quando cansado etc.

Necessidades de segurança: incluem a necessidade de proteção contra ameaças físicas e psicológicas, como segurança no emprego, estabilidade financeira, seguro de saúde, segurança no lar e segurança pessoal. Exemplos: buscar por um emprego estável, morar em um bairro seguro, economizar dinheiro para emergências etc.

Necessidades de relacionamento/sociais: incluem a necessidade de pertencer a um grupo, se conectar com os outros, de sentir-se amado, de interagir socialmente. Exemplos: fazer amigos, namorar, ter um parceiro, participar de grupos sociais etc.

Necessidades de estima: incluem a necessidade de respeito, *status*, reconhecimento, sucesso e autoestima. Exemplos: buscar por promoções no trabalho, obter elogios e reconhecimento pelo trabalho realizado, ter uma boa reputação social etc.

Necessidades de autorrealização: são as necessidades mais elevadas e incluem a necessidade de realização pessoal, de potencial máximo e propósito de vida. Exemplos: buscar por um propósito de vida, desenvolver novas habilidades, encontrar o sentido da vida etc.

Ainda que Maslow tenha sugerido uma hierarquia entre as necessidades humanas, vale ressaltar que isso não é rígido, ou seja, depende de diferentes fatores pessoais, sociais e culturais. Apesar de sua importante contribuição na fundação da escola humanista, a teoria de Maslow ficou restrita aos campos da Psicologia Organizacional e da Administração e, no Brasil, não houve eco na clínica psicológica baseada exclusivamente nesta abordagem (Branco & Silva, 2017)[33].

---

[33] BRANCO, P. C. C.; SILVA, L. X. de B. Psicologia humanista de Abraham Maslow: recepção e circulação no Brasil. *Rev. abordagem gestalt.*, Goiânia, v. 23, n. 2, p. 189-199, ago. 2017.

Com Maslow, surgiram outros importantes nomes da Psicologia Humanista que ficaram substancialmente mais famosos, como Carl Rogers (1902-1987), que na década de 1950 propôs a terapia centrada na pessoa, consolidada na obra *Tornar-se pessoa*, publicada em 1961. Nela, Rogers apresenta sua teoria da personalidade que se tornou uma das principais correntes da Psicologia Humanista.

De acordo com Rogers (2009)[34], a personalidade de um indivíduo é influenciada por suas experiências vividas, bem como pelo ambiente em que vive. Assim, desde que tenha um ambiente terapêutico acolhedor e empático, cada pessoa tem a capacidade de se autorrealizar e alcançar seu potencial máximo. A propósito, essa é a função do psicoterapeuta humanista que, por meio da empatia, autenticidade e aceitação incondicional, cria um ambiente terapêutico seguro e acolhedor, livre de julgamento e crítica, onde o cliente pode explorar seus sentimentos e pensamentos mais profundos.

Nessa abordagem, o terapeuta é visto como um facilitador, que ajuda o cliente a se conectar com seus próprios recursos internos e a encontrar soluções para seus problemas. Parte do princípio de que todo ser humano tem a capacidade de se autorrealizar e alcançar seu potencial máximo, já que essa capacidade é inerente a ele (Rogers, 2009)[35].

Uma das principais técnicas utilizadas na terapia centrada na pessoa é a empatia, que é a habilidade de entender e sentir as emoções do cliente. O terapeuta também utiliza a escuta ativa e a reflexão para ajudar o cliente a explorar seus sentimentos e pensamentos com mais profundidade.

2.1.4 Abordagem Cognitivo-Comportamental

No início da década de 1960, Aron Beck (1921-2001) desenvolveu a Terapia Cognitivo Comportamental (TCC), abordagem terapêutica que se concentra em mudar os padrões de pensamento

---

[34] ROGERS, Carl R. *Tornar-se Pessoa*. 6ª Ed. São Paulo: WMF Martins Fontes, 2009.
[35] Idem.

disfuncionais e comportamentos problemáticos para aliviar sintomas psicológicos (Silva, 2009)[36].

A TCC é uma terapia breve, estruturada e orientada para objetivos que se concentram no presente, na identificação de crenças e padrões de pensamento disfuncionais e na resolução de problemas específicos, se baseando na noção de que o comportamento humano é influenciado pelas crenças e interpretações que uma pessoa faz de si mesma, dos outros e do mundo (Beck, 1995/1997)[37].

O objetivo da terapia breve é ajudar o paciente a identificar suas crenças centrais disfuncionais, que são pensamentos arraigados que afetam sua visão do mundo e sua resposta a eventos cotidianos, e ensiná-lo a examiná-las criticamente para ver se são precisas e realistas. Essa abordagem requer a participação ativa do paciente e é fundamental que ele tenha alta motivação, uma boa capacidade de tolerar a ansiedade e estabeleça uma boa aliança terapêutica com o psicólogo.

Como visto, a participação ativa do paciente é essencial para o desenvolvimento da prática clínica da TCC, pois as sessões seguem uma estrutura rígida se comparada às demais abordagens psicológicas. A seguir, estão alguns tópicos que podem ser incluídos na estrutura de uma sessão de Terapia Cognitivo-Comportamental (TCC), podendo variar de acordo com a queixa, o paciente e o terapeuta:

1) Verificação do humor;
2) Discussão da agenda para a sessão;
3) Verificação da evolução do paciente desde a última sessão;
4) Revisão da tarefa de casa;
5) Discussão dos itens da agenda e planejamento da nova tarefa de casa;
6) Discussão sobre a prática de técnicas de relaxamento e outras técnicas comportamentais;
7) Resumo da sessão e *feedback*.

---

[36] SILVA, E. P. *A terapia cognitiva de Aaron Beck como reflexividade na alta modernidade: uma sociologia do conhecimento*. Psic.: Teor. e Pesq., 25(4), 529-535, dezembro de 2009. https://doi.org/10.1590/S0102-37722009000400020.

[37] BECK, J. S. *Terapia cognitiva: teoria e prática* (S. Costa, Trad.). Porto Alegre: Artes Médicas, 1997. (Trabalho original publicado em 1995)

Por fim, a intenção da abordagem é oferecer condições para que o paciente se autorregule, sendo seu próprio terapeuta.

2.1.5 Abordagem Sistêmica

A abordagem sistêmica teve origem na década de 1950, sendo influenciada pelas teorias da comunicação, cibernética e teoria geral dos sistemas. No entanto, foi na década de 1960 que essa abordagem começou a se consolidar como uma corrente teórica e prática na Psicologia, porque enfatiza a compreensão do comportamento humano a partir de uma visão mais ampla e integrada do sistema social e familiar no qual o indivíduo está inserido. Isso implica dizer que o funcionamento dos sistemas humanos influencia o comportamento e a saúde mental dos indivíduos (Goldenberg & Stanton, 2008)[38].

Alguns dos principais conceitos da abordagem sistêmica incluem a noção de circularidade, que enfatiza as interações recíprocas entre os componentes do sistema; a retroalimentação, que destaca a importância do *feedback* e da comunicação para a regulação do sistema e a homeostase, que se refere ao equilíbrio dinâmico que os sistemas tendem a manter (Minuchin, 1982)[39].

> **Para saber mais**
> Caso tenha curiosidade em conhecer detalhadamente a história das abordagens psicológicas desde os seus primórdios até a contemporaneidade, leia a rica obra de Duane P. Schultz e Sydney Ellen Schultz, *História da Psicologia Moderna* (título original em inglês: "A History of Modern Psychology"). Nela são descritas dezenas de abordagens teóricas.

---

[38] GOLDENBERG, I.; STANTON, M. D. *Princípios de terapia de casais e de família*. Porto Alegre: Artmed, 2008.
[39] MINUCHIN, S. *Famílias: funcionamento & tratamento*. Porto Alegre: Artes Médicas, 1982.

Como visto, a Psicologia é a ciência que estuda o comportamento humano e os processos mentais que o influenciam. Entre eles, encontram-se os chamados processos psicológicos básicos, que são fundamentais para a compreensão do funcionamento da mente humana. Compreendê-los é essencial para a prática clínica e para o desenvolvimento de intervenções psicológicas eficazes.

2.2 Processos Psicológicos Básicos

A mente humana é complexa e seu estudo demandou uma segmentação das estruturas básicas somente a fim de compreendê-las mais profundamente, entretanto, exceto na teoria, não se pode compartimentalizar um ato psíquico (Bleuer *apud* Dalgalarrondo, 2000)[40].

Todas as funções mentais são importantes para o desenvolvimento e aprendizagem humana. Os processos psicológicos básicos assumem diferentes funções, sendo os grandes responsáveis por um funcionamento psíquico adequado. Dentre eles, destacam-se: sensação e percepção; atenção; memória; afetividade e emoção; consciência; pensamento; linguagem e inteligência.

A seguir, serão conceituadas cada uma das funções e mencionadas algumas das possíveis alterações que podem oferecer implicação no campo jurídico.

2.2.1 Sensação e Percepção

A sensação e percepção estão relacionadas à forma como o organismo recebe informações do ambiente por meio dos sentidos. A sensação refere-se à detecção dos estímulos sensoriais, como luz, som, odor, sabor e toque, sendo a captação do ambiente externo por meio de dados decodificados pelo cérebro. É a primeira resposta aos estímulos do ambiente que, ao receber os diferentes estímulos físicos, químicos ou biológicos do ambiente externo, os receptores

---

[40] Idem.

causam alterações nos órgãos dos sentidos, produzindo as sensações (Matlin, 2010)[41].

A percepção, por sua vez, envolve a organização e interpretação dessas informações sensoriais para formar uma imagem coerente do mundo. Assim, a partir da tomada de consciência da sensação física, as mensagens passam a ser percebidas (Dalgalarrondo, 2000)[42].

A percepção é individual, de pessoa para pessoa, pois tem relação com o repertório de vivências experimentadas pelo indivíduo, além das suas expectativas e motivações. A ilusão e alucinação, por exemplo, são oriundas da percepção. As teorias sobre a sensação e percepção incluem a teoria da Gestalt, que destaca a importância da organização perceptual, e a teoria da adaptação sensorial, que explica como o organismo se adapta a estímulos repetitivos ao longo do tempo.

Dada a estreita relação entre sensação e percepção, pode-se nomear tais funções de sensopercepção, sendo a sensação a dimensão neuronal do fenômeno, por isso, passiva, enquanto a percepção exerce função ativa, criativa e pessoal, sendo a dimensão neuropsicológica dele.

Alterações quantitativas da sensopercepção são compreendidas como imagens de intensidade incorreta, seja para mais ou para menos. Dentre as diversas alterações quantitativas possíveis da sensopercepção estão: hiperestesia, hiperpatia, hipoestesia, anestesia, analgesia, disestesia e parestesia corporal.

<u>Hiperestesia</u>: configura um aumento significativo das percepções sonoras e visuais, assim, um pequeno estímulo sonoro pode parecer estrondoso ou uma luz de 40w é capaz de gerar um grande mal-estar em um indivíduo acometido por essa alteração. A hiperestesia pode se manifestar em quadros de intoxicação por alucinógenos como o LSD e, esporadicamente, após o consumo de cocaína e maconha

---

[41] MATLIN, M. W. *Psicologia Cognitiva*. Tradução Stella Machado. 5. ed. Rio de Janeiro: LTC, 2010.
[42] DALGALARRONDO, Paulo. *Psicoterapia e semiologia dos transtornos mentais*. Porto Alegre: Artmed, 2000.

(Dalgalarrondo, 2000)[43]. Importante salientar que algumas bebidas utilizadas em rituais religiosos também podem causar importantes alterações sensoperceptivas, podendo levar, inclusive, à morte.

Outras alterações quantitativas que ocasionalmente podem apresentar algum interesse ao campo jurídico são as disestesias e parestesias, fenômenos associados à alteração do sentido tátil que podem acometer pacientes que foram submetidos a estados emocionais intensos (Dalgalarrondo, 2000)[44]. Nesse caso, pode-se pensar em vítimas de assédio moral e abuso sexual, por exemplo.

Quanto às alterações qualitativas da sensopercepção, pode-se considerar que todas são importantes para a esfera jurídica, uma vez que abarcam as ilusões, alucinações, alucinose e pseudo-alucinação.

Ilusões: são percepções errôneas a partir de um objeto real e ocorrem a partir de três condições: rebaixamento do nível de consciência, fadiga grave ou intenção importante, além de alguns estados afetivos capazes de deformar o processo de sensopercepção (Dalgalarrondo, 2000)[45].

Qual o impacto dela na esfera jurídica? São muitos os casos de pessoas que morreram porque se perceberam ameaçadas por algo ou alguém que não existia e, assustadas, se jogaram de um prédio, por exemplo.

2.2.2 Atenção

A atenção é uma das funções psicológicas básicas mais estudadas. Ela é responsável pela captação, seleção, filtragem, organização e processamento das informações externas, além da concentração de atividade psíquica em certo objeto em detrimento de outros estímulos relevantes (Dalgalarrondo, 2000)[46]. É essencial para a aprendizagem, memória e tomada de decisões.

---

[43] Idem.
[44] Idem.
[45] Idem.
[46] Idem.

Existem diferentes tipos de atenção, como a atenção seletiva, que permite selecionar informações importantes em um ambiente ruidoso, e a atenção dividida, que permite processar múltiplas tarefas simultaneamente.

Os transtornos de atenção podem se manifestar em distúrbios neurológicos e neuropsicológicos, assim como em transtornos de humor. Pacientes com transtornos de humor e esquizofrenia, comumente, apresentam modificações na atenção. Os transtornos de atenção são:

Hipoprosexia: uma queda significativa no interesse global. Isso pode levar à perda de concentração e problemas de memória.

Hiperprosexia: capacidade de atenção muito aumentada.

Aprosexia: falta de concentração.

Hipervigilância: maior consciência do ambiente e dificuldade de concentração em certas tarefas ou objetos.

Hipertenacidade: atenção excessiva a determinadas tarefas ou objetos, dificuldade de concentração no ambiente.

2.2.3 Memória

A memória é a capacidade de codificar, armazenar e recuperar informações ao longo do tempo. A memória é um processo dinâmico que envolve a formação de novas memórias (codificação), a manutenção das memórias existentes (armazenamento) e a recuperação das informações, quando necessário (evocação).

As teorias sobre a memória incluem a teoria da memória de curto prazo, que destaca a importância da repetição para a retenção de informações, e a teoria da memória de longo prazo, que explica como as informações são armazenadas em diferentes sistemas de memória no cérebro.

A memória só acontece após a sensação, a percepção e a atenção atuarem, isso porque é preciso haver estímulos sensoriais percebidos que despertem a atenção para que, então, sejam registrados (Fiorelli & Mangini, 2016)[47].

---

[47] FIORELLI, J. O.; MANGINI, R. C. R. *Psicologia Jurídica*. 7ª edição. São Paulo: Atlas, 2016.

Algumas anormalidades da atenção podem ocorrer e causar importantes prejuízos, sendo:

Hipoprosexia: se refere a uma diminuição na capacidade de atenção e concentração. Pessoas com esta condição podem ter dificuldade em prestar atenção a tarefas simples e podem perder rápido o interesse em atividades que normalmente achavam interessantes. Além disso, é comum afetar a memória, tornando difícil lembrar informações recentes.

Hipermnésia: se refere a uma condição em que uma pessoa tem uma capacidade excepcionalmente boa de lembrar informações. Indivíduos com esta condição podem se lembrar de detalhes de eventos passados com uma clareza e precisão incomuns.

Amnésia: é uma perda parcial ou total da capacidade de lembrar informações pessoais ou eventos passados. Pessoas com amnésia podem ter dificuldade em lembrar de experiências recentes ou antigas, além de ter problemas em aprender novas informações (Iziquierdo, 2011)[48]. A amnésia pode ser causada por lesões cerebrais traumáticas, como concussões, acidentes vasculares cerebrais (AVCs), tumores cerebrais, epilepsia, entre outros.

Existem diferentes tipos de amnésia, incluindo:

Amnésia retrógrada: quando há dificuldade em lembrar-se de eventos anteriores ao momento da lesão ou do início do distúrbio.

Amnésia anterógrada: quando há dificuldade em lembrar-se de eventos posteriores ao momento da lesão ou do início do distúrbio.

Amnésia global transitória: uma condição temporária e súbita que causa uma perda total ou parcial da memória de curto prazo.

2.2.4 Afetividade e Emoção

Afetividade e emoção são processos mentais que envolvem reações subjetivas a eventos ou estímulos. A afetividade refere-se ao estado emocional geral de uma pessoa, enquanto a emoção é uma resposta específica a um estímulo ou evento.

A afetividade é composta por emoções, sentimentos e paixões, sendo um conjunto de fenômenos psíquicos que promovem ou ini-

---

[48] IZQUIERDO, I. *Memória* (2. ed.). Porto Alegre, RS: Artmed, 2011.

bem as ações do indivíduo diante de todas as suas experiências. É perceptível, visível.

As emoções são um conjunto de condições extremamente complexas e instantâneas que aparecem em experiências de caráter afetivo, gerando mudanças no funcionamento do indivíduo e preparando-o para a ação (Matlin, 2004)[49].

Os transtornos da afetividade e emoção podem ser facilmente confundidos com modos dramáticos de ser ou com o tão conhecido desânimo (Tripicchio, 2008)[50]. Apesar disso, são quadros que podem levar o paciente a vivenciar um dia a dia extremamente penoso (Becker, 2011)[51]. Algumas alterações emocionais são:

Apatia: é uma condição psiquiátrica caracterizada por uma perda de motivação, interesse e emoção. As pessoas com transtorno de apatia podem ter dificuldade em realizar atividades cotidianas, como se envolver em *hobbies*, trabalhar e se relacionar com os outros. Elas podem apresentar uma sensação geral de desinteresse, falta de entusiasmo e falta de iniciativa.

Euforia: um estado emocional que pode ser descrito como uma sensação intensa de bem-estar, felicidade e excitação. Pode ser um sintoma de certos transtornos mentais, como o transtorno bipolar, condição em que a euforia pode ocorrer durante episódios de mania.

Disforia: é um termo usado para descrever um estado emocional desagradável e desconfortável, que pode incluir sentimento de tristeza, ansiedade, irritabilidade, desesperança e desamparo.

2.2.5 Consciência

A consciência tem seu início durante os primeiros meses de vida humana, ocasião em que o bebê começa a perceber seu próprio

---

[49] MATLIN, M. W. *Psicologia Cognitiva*. Tradução Stella Machado. 5. ed. Rio de Janeiro: LTC, 2010.
[50] TRIPICCHIO, G. L. *Psicologia*. 2. ed. São Paulo: Saraiva, 2008.
[51] BECKER, F. S. *Psicologia da saúde: teoria, intervenção e pesquisa*. Artmed, 2011.

corpo e, somente após, tem consciência de que existe outro corpo, e, por fim, toma consciência do mundo (Sadock & Sadock, 2017)[52]. Ela é a capacidade de perceber, interpretar e responder ao ambiente e, para isso, envolve a consciência perceptiva – a percepção do mundo ao nosso redor – e a consciência introspectiva – a percepção de nossos próprios pensamentos, emoções e experiências subjetivas.

Existem diferentes quadros de alteração da consciência, sendo alguns deles apresentados no DSM-V (2014)[53]:

Delirium: é uma alteração aguda e reversível da consciência, caracterizada por confusão, desorientação, alucinações e/ou delírios. Pode ocorrer em pacientes hospitalizados por doenças físicas ou em pacientes com transtornos mentais, como a esquizofrenia.

Estado de consciência alterado: é um estado de consciência modificado, que pode ser causado por uso de drogas, trauma craniano, doenças neurológicas, entre outras causas. Nesses casos, a pessoa pode apresentar confusão, desorientação, alucinações, delírios e/ou alterações no estado emocional.

Transe: é um estado alterado de consciência, caracterizado por uma redução na consciência ambiental, uma diminuição na capacidade de processar informações e uma maior suscetibilidade à sugestão. Pode ser induzido por práticas religiosas ou culturais, como a meditação, o transe xamânico, entre outros.

Coma: é um estado de inconsciência prolongado, que pode ser causado por lesão cerebral, intoxicação, hipoglicemia, entre outras causas.

2.2.6 Pensamento

O pensamento refere-se ao processo cognitivo pelo qual são organizadas, analisadas e interpretadas as informações do ambiente. O

---

[52] SADOCK, B. J.; SADOCK, V. A. *Compêndio de Psiquiatria: Ciência do Comportamento e Psiquiatria Clínica*. 10ª ed. Porto Alegre: Artmed, 2017.
[53] AMERICAN PSYCHIATRIC ASSOCIATION. *DSM-5: Manual diagnóstico e estatístico de transtornos mentais*. 5ª ed. Porto Alegre: Artmed, 2014.

pensamento pode ser divergente, quando envolve a geração de várias ideias, e convergente, quando envolve a seleção da melhor solução entre várias opções.

O pensamento é responsável pelo processamento dos diferentes estímulos (sons, imagens, experiências, ideias), compreensão por meio de análise, comparação, classificação, julgamentos de valor e posterior comunicação (Myers, 1999)[54].

Segundo Dalgalarrondo (2000)[55], alguns dos transtornos do pensamento consistem em:

Alterações da forma do pensamento: incluem (a) o pensamento tangencial, em que a pessoa perde o fio da conversa e começa a falar sobre assuntos desconexos; (b) o pensamento desorganizado, em que a fala e o comportamento da pessoa parecem confusos e caóticos.

Alterações do conteúdo do pensamento: incluem (a) os delírios, que são crenças falsas e infundadas que não são compartilhadas pela maioria das pessoas; (b) as obsessões, que são pensamentos repetitivos e intrusivos que causam ansiedade.

Alterações da velocidade do pensamento: incluem (a) a aceleração do pensamento, em que a pessoa fala rapidamente e tem dificuldade em acompanhar a própria linha de raciocínio; (b) a lentidão do pensamento, em que a pessoa parece estar com dificuldade para pensar e falar.

Alterações da qualidade do pensamento: incluem (a) as ruminações, que são pensamentos repetitivos e negativos sobre um mesmo tema; (b) as abstrações bizarras, que são associações estranhas e incomuns entre ideias.

2.2.7 Linguagem

A linguagem é uma forma complexa de comunicação que envolve a produção e compreensão de sons, palavras e frases para trans-

---

[54] MYERS, D. G. *Psicologia*. 7. ed. Rio de Janeiro: LTC, 1999.
[55] DALGALARRONDO, Paulo. *Psicoterapia e semiologia dos transtornos mentais*. Porto Alegre: Artmed, 2000.

mitir informações e expressar pensamentos e emoções, sendo fundamental para a interação social e para a aprendizagem. Segundo Fiorelli e Mangini (2016)[56], ela possibilita representar o mundo.

Alguns dos principais transtornos da fala que geram importantes prejuízos nos pacientes são (Dalgalarrondo, 2000)[57]:

Afasia: distúrbio da linguagem que se manifesta como uma perda ou diminuição da capacidade de produzir ou compreender a linguagem. Pode ser causada por lesões cerebrais decorrentes de acidente vascular cerebral (AVC), traumatismo craniano, tumor cerebral, entre outras causas.

Disfemia: distúrbio da fala também conhecido como gagueira, que se caracteriza por uma interrupção involuntária do fluxo da fala, repetições de sons ou palavras, bloqueios, entre outras manifestações.

Mutismo: ausência total ou parcial da fala, geralmente associado a transtornos de ansiedade ou depressão grave.

Ecolalia: repetição de palavras ou frases que foram ouvidas anteriormente sem um propósito comunicativo claro. Pode ocorrer em indivíduos com autismo ou transtornos psicóticos.

2.2.8 Inteligência

A definição de inteligência é controversa, pois, relaciona-se às capacidades e habilidades das pessoas de um modo geral. De uma forma ampla, a inteligência é a capacidade de aprender, raciocinar, resolver problemas, adaptar-se a novas situações e aplicar o conhecimento adquirido em diferentes contextos (Bear, Connors & Paradiso, 2010)[58].

Deficiência Intelectual: é um transtorno que se caracteriza por um funcionamento intelectual significativamente abaixo da média, associado a dificuldades adaptativas em diversas áreas da vida. Esse

---

[56] FIORELLI, J. O.; MANGINI, C. R. *Psicologia*. São Paulo: Saraiva, 2016.
[57] DALGALARRONDO, Paulo. *Psicoterapia e semiologia dos transtornos mentais*. Porto Alegre: Artmed, 2000.
[58] BEAR, M. F.; CONNORS, B. W.; PARADISO, M. A. *Neurociências: Desvendando o sistema nervoso*. Porto Alegre: Artmed, 2010.

transtorno pode ser causado por fatores genéticos, ambientais ou uma combinação de ambos.

Transtornos Cognitivos: são transtornos que afetam a cognição, incluindo a memória, a atenção, a linguagem, o raciocínio e o julgamento. Esses transtornos podem ser causados por doenças neurológicas, lesões cerebrais, transtornos psiquiátricos ou pelo uso de substâncias.

Algumas das mais importantes teorias sobre a inteligência serão explanadas a seguir. Segundo o psicólogo americano Raymond Cattell (1963)[59], a inteligência é composta por duas dimensões principais: inteligência fluida e inteligência cristalizada.

1) A inteligência fluida é a capacidade de resolver problemas novos e não familiares, de raciocinar e de adaptar-se a novas situações. É a habilidade de lidar com informações abstratas e lidar com situações ambíguas, que exige a capacidade de pensamento indutivo e dedutivo. Ela é influenciada por fatores biológicos e é mais forte na juventude, diminuindo ao longo do tempo.

2) A inteligência cristalizada, por outro lado, é a capacidade de utilizar conhecimentos adquiridos por meio de experiências anteriores e de aprendizagem formal, para resolver problemas e tomar decisões. Envolve o uso de habilidades verbais, conhecimentos específicos e habilidades práticas adquiridas ao longo da vida. Sofre influência tanto de fatores biológicos quanto ambientais e tende a aumentar com a idade.

Ainda que sejam independentes entre si, ambas são necessárias para o desempenho efetivo em tarefas complexas, assim como para atividades cotidianas.

Outra importante teoria da inteligência foi preconizada por Howard Gardner, o psicólogo norte-americano que sugere a existência de diferentes tipos de inteligências humanas, oito especificamente, que são independentes entre si e podem ser combinadas de diferentes maneiras em cada indivíduo. Gardner (2011)[60] propõe:

---

[59] CATTELL, R. B. Theory of Fluid and Crystallized Intelligence: A Critical Experiment. *Journal of Educational Psychology*, v. 54, p. 1-22, 1963.

[60] GARDNER, H. *Estruturas da mente: a teoria das inteligências múltiplas*. Porto Alegre: Artmed, 2011.

1) Inteligência Linguística: habilidade de usar a linguagem de forma efetiva, incluindo a escrita, a fala e a compreensão da linguagem.
2) Inteligência Lógico-Matemática: habilidade de pensar logicamente e realizar cálculos matemáticos complexos.
3) Inteligência Espacial: habilidade de pensar visualmente e manipular imagens mentais.
4) Inteligência Corporal-Cinestésica: habilidade de controlar e coordenar movimentos corporais.
5) Inteligência Musical: habilidade de perceber, compor e executar a música.
6) Inteligência Interpessoal: habilidade de compreender os sentimentos, motivações e desejos de outras pessoas.
7) Inteligência Intrapessoal: habilidade de compreender a si mesmo, incluindo suas emoções, pensamentos e motivações.
8) Inteligência Naturalista: habilidade de reconhecer e classificar padrões na natureza, incluindo animais, plantas e outros elementos do ambiente natural.

Segundo o autor, cada indivíduo possui um perfil único de inteligências, com diferentes habilidades e capacidades em cada área. Valorizar e incentivar todas as formas de inteligência é essencial para o desenvolvimento do sujeito.

A última teoria a ser apresentada é a denominada teoria triárquica da inteligência e foi preconizada por Robert Sternberg, que a segmentou em três subteorias, a saber:

1) Inteligência Componencial: refere-se às habilidades cognitivas que são essenciais para a solução de problemas. Essas habilidades incluem processamento de informações, raciocínio, julgamento e tomada de decisões. Essa forma de inteligência é composta por três componentes principais:
Componente de Metacomponentes: refere-se à capacidade de planejar, monitorar e avaliar o próprio pensamento e o pensamento dos outros.

Componente de Desempenho: refere-se à capacidade de executar as tarefas cognitivas que são exigidas para resolver um problema específico.

Componente de Conhecimento Adquirido: refere-se aos conhecimentos que foram adquiridos ao longo da vida e que são relevantes para a solução de problemas.

2) Inteligência Experiencial: refere-se às habilidades necessárias para lidar com novas situações e para se adaptar às mudanças. Essas habilidades incluem a criatividade, a resolução de problemas novos e complexos e a habilidade de aprender com a experiência.
3) Inteligência Contextual: refere-se às habilidades necessárias para lidar com o ambiente em que a pessoa vive. Essas habilidades incluem o conhecimento prático do ambiente, a habilidade de lidar com pessoas e a habilidade de se adaptar a diferentes culturas e contextos sociais.

Segundo Sternberg (2000)[61], essas três formas de inteligência interagem entre si para gerar comportamentos inteligentes.

Como vimos, uma alteração na percepção pode manifestar-se como alucinação ou delírio, enquanto uma alteração na emoção pode manifestar-se como depressão ou ansiedade. Por isso, é fundamental conhecer as funções básicas para compreender a semiologia psicopatológica que estuda os sinais e sintomas das doenças mentais, uma vez que muitos desses sinais e sintomas estão relacionados a alterações nos processos psicológicos básicos.

---

[61] STERNBERG, R. J. *Psicologia cognitiva*. Porto Alegre: Artmed, 2000.

Tabela 2. Funções mentais mais afetadas em diferentes tipos de transtornos

Transtornos psico-orgânicos	Transtornos afetivos, neuróticos e da personalidade	Transtornos psicóticos
Nível de consciência	Afetividade	Sensopercepção
Atenção*	Vontade	Pensamento
Orientação	Psicomotricidade	Juízo de realidade
Memória	Personalidade	Vivência do eu
Inteligência		
Linguagem**		

*Também nos quadros afetivos (mania, principalmente).
**Também nas psicoses.
Fonte: Dalgalarrondo, 2000 (Adaptado).

2.3 Semiologia Psicopatológica

A Semiologia Psicopatológica, disciplina fundamental na prática clínica da Psiquiatria, é a ciência que se dispõe a compreender os sinais e sintomas de doenças mentais, através da análise cuidadosa dos aspectos clínicos, comportamentais e subjetivos dos pacientes, possibilitando ao profissional classificar os fenômenos observáveis e, a partir disso, propor diagnósticos e terapias interventivas (Dalgalarrondo, 2000)[62].

O objeto central da Semiologia é o signo, um tipo de sinal específico que possui uma significação própria. A título de exemplifi-

---

[62] DALGALARRONDO, P. *Psicopatologia e semiologia dos transtornos mentais*. 2. ed. Porto Alegre: Artmed, 2000.

cação, Dalgalarrondo (2000)[63] sugere a febre como o signo de uma infecção, o significado. Propriamente, a Semiologia Psicopatológica tem relação com os sinais (signos) que sugerem sofrimento psíquico e transtornos mentais (significados).

Não se pode falar em tais significados sem compreender a Psicopatologia (Ceccarelli, 2005)[64], campo da ciência que se empenha em compreender, de forma ampla, a doença mental, suas causas, alterações estruturais e funcionais, bem como suas manifestações. Etimologicamente o termo psicopatologia surge da junção de três palavras gregas, sendo elas: *psiqué* (psiquismo, alma); *pathos* (paixão, excesso, sofrimento, patológico) e *logos* (conhecimento).

A semiologia envolve uma ampla variedade de técnicas e métodos, como a entrevista clínica, a observação comportamental, a análise de documentos e a utilização de testes psicológicos. Além disso, é fundamental que o profissional tenha um conhecimento sólido da psicopatologia para que esteja apto a compreender os diversos tipos de transtornos mentais e suas características clínicas.

A psicopatologia privilegia dois importantes aspectos: a forma e o conteúdo dos sintomas. Entende-se por forma a maneira estrutural básica, comum a diversos pacientes, pela qual os pacientes manifestam os sintomas de alterações psíquicas, como alucinação, delírio e labilidade afetiva, entre outros. O conteúdo dessas alterações estruturais é específico, variando de paciente para paciente, podendo ser de cunho religioso, morte, culpa, doença etc. (Sadock & Sadock, 2007)[65].

Existem alguns temas de interesses centrais a todos os seres humanos que estão relacionados a objetos de desejo, conforme os quadros a seguir, inspirados na mais importante obra sobre o tema *Psicopato-*

---

[63] DALGALARRONDO, Paulo. *Psicoterapia e semiologia dos transtornos mentais*. Porto Alegre: Artmed, 2000.
[64] CECCARELLI, Paulo. *O sofrimento psíquico na perspectiva da Psicopatologia fundamental*. Psicol. estud., Maringá, v. 10, n. 3, Dec. 2005.
[65] SADOCK, B. J.; SADOCK, V. A. *Compêndio de psiquiatria: ciência do comportamento e psiquiatria clínica*. Porto Alegre: Artmed, 2007.

logia dos transtornos mentais, de Paulo Dalgalarrondo (2000)[66], leitura obrigatória nos cursos de graduação em Psicologia e Medicina:

Tabela 3. Principais temas expressos no conteúdo dos sintomas psicopatológicos

Temas de interesse	O que busca
Sexo Alimentação Conforto físico	Sobrevivência e prazer
Dinheiro Poder Prestígio	Segurança e controle sobre o outro

Fonte: DALGALARRONDO, 2000 (Adaptado).

Tabela 4. Principais temores componentes do conteúdo dos sintomas psicopatológicos

Principais temores	Principais maneiras de enfrentamento
Morte	Religião/ espiritualidade
Doença grave Sofrimento físico ou moral Miséria	Vias mágicas/ Medicina/ Psicologia
Falta de sentido existencial	Relações pessoais significativas/ cultura

Fonte: DALGALARRONDO, 2000 (Adaptado).

Pode-se notar, com base nas tabelas apresentadas, que em essência os conteúdos se repetem. Desta forma, quando acometido por uma doença grave, por exemplo, o indivíduo tende a eleger uma ou mais de uma das formas de enfrentamento dispostas acima, pois, trata-se de um padrão comportamental esperado, normal.

---

[66] DALGALARRONDO, Paulo. *Psicoterapia e semiologia dos transtornos mentais*. Porto Alegre: Artmed, 2000.

Diante do exposto, como considerar se um comportamento é normal ou patológico segundo a Psicopatologia?

A resposta para esse questionamento não é simples, mas objeto de grande controvérsia. Enquanto a discussão fica no campo dos comportamentos extremos, é simples classificar uma conduta como normal ou patológica, mas a dificuldade surge quando os comportamentos humanos são limítrofes, ou seja, estão na fronteira entre o normal e o doentio.

O conceito de normalidade em Psicopatologia é relativo, dependendo da base teórica ou pragmática utilizada. Um dos critérios para definir normalidade é a ausência de doença, ou seja, aquele indivíduo que não possui qualquer um dos transtornos mentais já discriminados pela área médica. Contudo, essa definição é falha tendo em vista que a pessoa não está sendo definida por aquilo que ela é, mas por aquilo que não é (Dalgalarrondo, 2000).

A normalidade ideal é outra maneira de estabelecer que um indivíduo é saudável, mas a noção de saúde, aqui, tem relação com um critério sociocultural que compara membros de um grupo social e estabelece aqueles que estão mais "evoluídos" (Canguilhem, 1995)[67].

Quando a aplicação do conceito de normalidade ou patologia se estende ao âmbito forense, suas implicações são importantíssimas, podendo definir o destino legal de um indivíduo. Assim, se uma mulher em estado puerperal agredir brutalmente seu bebê, ela será criminalizada pelo ato. Entretanto, se for diagnosticada com psicose puerperal, sua pena será atenuada, o que não aconteceria caso fosse considerada normal do ponto de vista psicopatológico.

Do ponto de vista quantitativo, existe a normalidade estatística que, a partir da observação da população em geral, define o que se observa com mais frequência como normal. Neste caso, afirma Dalgalarrondo (2000), pessoas que estão fora da curva estatística de normalidade, são consideradas doentes.

Além dessas, existem outras diferenciações, sendo possível associar várias delas quando da realização de avaliação e diagnóstico de

---

[67] CANGUILHEM, G. *O normal e o patológico*. Rio de Janeiro: Forense, 2002. ATKINSON, R. *Introdução à Psicologia*. Porto Alegre: Artmed, 1995.

um paciente, mas, acima de todos eles, é premente uma postura crítica e reflexiva do profissional, dada a complexidade da existência humana (Dalgalarrondo, 2000)[68].

A Semiologia Psicopatológica é uma importante ferramenta na identificação dos sinais e sintomas apresentados pelos pacientes, possibilitando aos profissionais da saúde mental o diagnóstico e classificação precisos sobre possíveis transtornos mentais, campo da Psicopatologia.

2.4 Psicopatologia

A Psicopatologia é uma disciplina da Psicologia e da Psiquiatria que se dedica ao estudo dos transtornos mentais, seus sintomas, causas e tratamentos, buscando compreender sua natureza e manifestação, bem como suas implicações sociais e culturais.

O termo "transtorno" é definido pelo Dicionário Online Michaelis (2023)[69] como um "distúrbio funcional ou psíquico que altera o comportamento do indivíduo em relação ao ambiente, manifestando-se como doença física ou psicológica". A área da saúde mental recorre ao DSM-V, Manual Diagnóstico e Estatístico de Transtornos Mentais, (APA, 2014)[70] para classificar os transtornos mentais que, segundo o texto, estabelece que um transtorno psicológico é uma condição clínica significativa, que envolve sintomas ou padrões comportamentais que causam sofrimento significativo ou prejuízo no funcionamento diário do indivíduo.

Os transtornos psicológicos são classificados em diferentes categorias, incluindo transtornos de ansiedade, transtornos do humor, transtornos alimentares, transtornos de personalidade, transtornos psicóticos, entre outros. Cada categoria tem critérios específicos de

---

[68] DALGALARRONDO, Paulo. *Psicoterapia e semiologia dos transtornos mentais*. Porto Alegre: Artmed, 2000.
[69] MICHAELIS. *Dicionário Online Michaelis*. Disponível em: https://www.michaelis.uol.com.br/. Acesso em: [08/11/2022].
[70] AMERICAN PSYCHIATRIC ASSOCIATION. *Manual diagnóstico e estatístico de transtornos mentais:* DSM-V. 5ª ed. Porto Alegre: Artmed, 2014.

diagnóstico que devem ser atendidos para que um indivíduo seja diagnosticado (APA, 2014)[71].

Os transtornos de ansiedade, por exemplo, são caracterizados por preocupações excessivas e medo intenso, interferindo significativamente na vida cotidiana do indivíduo. Já os transtornos do humor incluem condições como depressão e transtorno bipolar que afetam a emoção e o humor do paciente. Os transtornos alimentares, como anorexia e bulimia, afetam a relação da pessoa com a alimentação e a imagem corporal. Os transtornos de personalidade, por sua vez, apresentam padrões rígidos e inflexíveis de comportamento e pensamento, que prejudicam o relacionamento interpessoal. Os transtornos psicóticos, como a esquizofrenia, envolvem alterações na percepção da realidade, como delírios e alucinações (Dalgalarrondo, 2000)[72].

Dalgalarrondo (2000) enfatiza que os transtornos psicológicos são causados por uma combinação de fatores biológicos, psicológicos e sociais. Fatores biológicos incluem desequilíbrios químicos no cérebro, enquanto fatores psicológicos podem incluir experiências traumáticas ou padrões de pensamento disfuncionais e, por sua vez, os fatores sociais podem incluir eventos estressantes da vida, como a perda de um emprego ou a morte de um ente querido.

O tratamento dos transtornos psicológicos geralmente envolve uma combinação de psicoterapia e medicação. A psicoterapia pode ajudar a pessoa a entender e modificar padrões de pensamento e comportamento disfuncionais, enquanto a medicação pode ajudar a controlar sintomas específicos, como ansiedade ou depressão.

No próximo tópico abordaremos alguns, dentre tantos transtornos psicológicos, que mantêm alguma relação de interesse com a ciência jurídica.

---

[71] Idem.
[72] DALGALARRONDO, Paulo. *Psicoterapia e semiologia dos transtornos mentais*. Porto Alegre: Artmed, 2000.

> **Para saber mais** 💡
> No Brasil, Paulo Dalgalarrondo é principal referência bibliográfica em psicopatologia para estudantes universitários e profissionais da psiquiatria. Psiquiatra e professor, é formado em medicina pela Universidade Estadual de Campinas (Unicamp), mestre e doutor em Medicina pelo Departamento de Psiquiatria e Psicologia Médica da Universidade Federal de São Paulo (Unifesp).
> Leitura obrigatória para estudantes de Psicologia e Medicina, sua marca registrada é a escrita fácil e objetiva, repleta de exemplos compreensíveis ao leitor.
> Não deixe de se aprofundar no tema lendo a obra *Psicopatologia e Semiologia dos Transtornos Mentais* (Dalgalarrondo, 2000)[73] é tarefa obrigatória para aqueles que desejam compreender o complexo campo da saúde mental.

Talvez você esteja se perguntando qual seria o interesse de operadores do Direito em estudarem os transtornos mentais. Com base no conteúdo apresentado anteriormente, alguns desses transtornos podem afetar a capacidade de uma pessoa de tomar decisões ou de agir de forma consciente e intencional, consequentemente, podem interferir na sua capacidade de compreender as consequências de suas ações ou de se responsabilizar por elas.

Tomemos como exemplos alguns transtornos do humor e transtornos relacionados a substâncias, que, a depender da intensidade com que se manifestam, podem afetar a capacidade de uma pessoa de tomar decisões e de controlar seus impulsos, o que pode implicar consequências legais.

Propriamente no campo do Direito Penal, os transtornos mentais podem ser usados como defesa em casos criminais, como alegação de insanidade ou inimputabilidade. Nesses casos, é necessário provar

---

[73] DALGALARRONDO, Paulo. *Psicoterapia e semiologia dos transtornos mentais*. Porto Alegre: Artmed, 2000.

que a capacidade mental do réu foi significativamente atingida por sua condição psíquica.

Outras áreas do Direito se valem da Psicopatologia, como o Direito do Trabalho, por exemplo, uma vez que, dependendo do comprometimento sofrido pelo indivíduo com transtorno mental, sua capacidade laboral fica significativamente prejudicada.

Tomando como base o DSM-V (2014)[74], estes são alguns transtornos que podem manter relação com a justiça:

2.4.1 Transtorno de Estresse Pós-Traumático

O Transtorno de Estresse Pós-Traumático (TEPT) é um transtorno psiquiátrico que se configura por uma resposta psicológica anormal e persistente a um evento traumático que representa ameaça à vida ou à integridade física e/ou sexual do indivíduo. As características diagnósticas do TEPT, de acordo com o DSM-V[75] (2014), incluem necessariamente a exposição do indivíduo – seja como vítima, testemunha ou como ouvinte direto ou indireto – a um evento traumático que envolveu ameaça à vida, integridade física ou sexual, como, por exemplo, abuso sexual, grave acidente de carro, guerra, desastres naturais, entre outros.

A pessoa acometida pelo TEPT apresenta pensamentos, memórias, sonhos ou *flashbacks* intrusivos e recorrentes sobre o evento traumático, reexperimentando-o. Acrescido a isso, apresenta esquiva e sintomas de entorpecimento emocional quando evita pensamentos, sentimentos, lugares, atividades ou pessoas que possam lembrá-lo do evento traumático, além de apresentar uma diminuição na capacidade de sentir emoções positivas. A hipervigilância é outro sintoma do TEPT, sendo identificada por um estado de alerta constante, irritabilidade, dificuldade de concentração, problemas de sono, sobressaltos e reações exageradas a estímulos.

Vale ressaltar que, para receber um diagnóstico de TEPT, é necessário que o indivíduo apresente sintomas em todas essas áreas e

---

[74] AMERICAN PSYCHIATRIC ASSOCIATION. *Manual diagnóstico e estatístico de transtornos mentais:* DSM-V. 5ª ed. Porto Alegre: Artmed, 2014.
[75] Idem.

que eles não possam ser explicados por outras condições médicas ou psiquiátricas. O tratamento do TEPT inclui terapia psicológica e medicamentos, a depender da gravidade dos sintomas e da condição clínica do indivíduo.

2.4.2 Síndrome de *Burnout*

A Síndrome de *Burnout* é um distúrbio psicológico relacionado ao trabalho que se caracteriza pela exaustão emocional, despersonalização e diminuição da realização pessoal. Ainda que o DSM-V não inclua a síndrome como um transtorno mental formalmente reconhecido, descreve-o como uma condição de problemas relacionados ao trabalho que se manifesta em três importantes áreas: (1) esgotamento emocional e físico, resultante da sobrecarga de trabalho; (2) despersonalização, que se caracteriza por um distanciamento emocional em relação ao trabalho e às pessoas com as quais se trabalha; (3) diminuição da realização pessoal, que pode se manifestar como uma perda de confiança em si mesmo, baixa autoestima e sentimento de inutilidade.

De acordo com Chambers (2018)[76], um estudo realizado com advogados nos Estados Unidos identificou que cerca de 28% dos participantes apresentavam sintomas moderados a graves de *burnout*. Enquanto na Espanha, dos profissionais da justiça, incluindo juízes, advogados e procuradores participantes de estudo sobre *burnout*, mais de 60% dos entrevistados relataram altos níveis de estresse ocupacional e exaustão emocional (Silla & Navarro, 2017)[77].

Apesar de o quadro de *Burnout* ser frequentemente associado a profissões que envolvem alta carga de trabalho e/ou interação emocional com outras pessoas, estudos têm relacionado a *síndrome com a* maternidade (Batista, Carvalho, & Oliveira, 2021)[78]. Corroborando

---

[76] CHAMBERS, D. J. et al. Burnout prevalence in US lawyers: Transforming the study to meet the needs of the profession. *Journal of Legal Education*, v. 67, n. 2, p. 238-264, 2018. DOI: https://doi.org/10.1177/0022219418763285.

[77] SILLA, I.; NAVARRO, J. Burnout syndrome in the legal profession. *Revista de Psicología del Trabajo y de las Organizaciones*, v. 33, n. 3, p. 165-173, 2017. DOI: https://doi.org/10.1016/j.rpto.2017.04.002.

[78] BATISTA, J. F.; CARVALHO, L. P.; OLIVEIRA, E. P. Síndrome de burnout em mães de recém-nascidos internados em UTI neonatal. *Revista Brasileira de*

essa tese, pesquisa realizada com 2.363 mães brasileiras com filhos entre 0 e 5 anos, indicou que 28,3% das mães apresentaram sintomas de *burnout*, sendo que as principais causas relacionadas ao problema foram a sobrecarga de responsabilidades, a falta de tempo para si próprias e a dificuldade em conciliar as tarefas domésticas e profissionais (Gomes, 2019)[79].

Diante dos dados apresentados, é importante reconhecer os sinais e sintomas dessa condição para que se possam tomar medidas para preveni-la ou tratá-la. Algumas das medidas que podem ajudar incluem a redução do estresse no trabalho, a melhoria das habilidades de comunicação e de resolução de conflitos e o estabelecimento de limites claros entre o trabalho e a vida pessoal. Além disso, o apoio emocional, como o aconselhamento psicológico ou psiquiátrico, pode ser útil para pessoas que sofrem dessa Síndrome.

2.4.3 Transtorno Explosivo Intermitente

De acordo com o DSM-V (2014)[80], o Transtorno Explosivo Intermitente (TEI) é um transtorno psiquiátrico caracterizado por episódios de perda de controle impulsiva e agressiva que são desproporcionais ao estressor ambiental, resultando em comportamentos agressivos que podem levar a danos físicos ou psicológicos a outras pessoas ou a si mesmo. As características diagnósticas do TEI são episódios recorrentes de comportamento agressivo, sejam eles físicos ou verbais, que não são condizentes com o estímulo estressor. Tomemos como exemplo um torcedor fanático que, ao vir seu time perder um campeonato, quebra toda a casa.

É comum que seu comportamento agressivo gere prejuízos a outras pessoas e para si mesmo. Faz-se necessário ressaltar que, por se tratar de um transtorno, é incontrolável, ainda que após o episódio de fúria seja comum que o indivíduo manifeste arrependimento.

Enfermagem, v. 74, p. e20200808, 2021. DOI: https://doi.org/10.1590/0034-7167-2020-0808.

[79] GOMES, A. M. T. *et al.* Síndrome de Burnout em mães brasileiras: prevalência e fatores associados. *Cadernos de Saúde Pública*, Rio de Janeiro, v. 35, n. 8, e00192518, 2019. DOI: https://doi.org/10.1590/0102-311x00192518.

[80] Idem.

Para receber um diagnóstico de TEI, é necessário que o indivíduo apresente sintomas recorrentes por pelo menos três meses e que o comportamento agressivo resulte em prejuízos significativos na vida social, ocupacional ou em outras áreas importantes do funcionamento do indivíduo. O tratamento do TEI inclui psicoterapia e, em alguns casos, medicação.

2.4.4 Transtorno de Conduta

De acordo com o DSM-5 (2014)[81], o Transtorno de Conduta é um transtorno do comportamento que se caracteriza por um padrão repetitivo e persistente de comportamentos que violam direitos fundamentais de outras pessoas ou normas sociais importantes, sendo geralmente diagnosticado em crianças ou adolescentes com idade inferior a 18 anos. As características diagnósticas dessa condição são o comportamento agressivo, crueldade com animais, prática de *bullying*, roubo e dano à propriedade. O indivíduo pode apresentar comportamentos não agressivos que gerem prejuízos a terceiros, como mentir, faltar à escola, furtar e/ou desobedecer às normas e regras sociais.

Para receber um diagnóstico de Transtorno de Conduta, é necessário que o indivíduo apresente pelo menos três sintomas dos mencionados acima em um período de doze meses, sendo que pelo menos um sintoma deve estar presente nos últimos seis meses. O tratamento do Transtorno de Conduta geralmente inclui psicoterapia e, em alguns casos, medicação.

2.4.5 Transtorno de Personalidade Antissocial

De acordo com o DSM-V (2014)[82], o Transtorno de Personalidade Antissocial (TPA), também denominado Psicopatia, é um transtorno de personalidade caracterizado por um padrão invasivo e crônico de desrespeito e violação dos direitos dos outros, além de um

---

[81] Idem.
[82] Idem.

comportamento irresponsável e desrespeitoso pelas normas sociais e legais. Esse transtorno é geralmente diagnosticado em adultos, mas os sintomas já podem ser observados na adolescência e na infância.

Dentre as suas características diagnósticas estão: (a) a violação dos direitos dos outros, incluindo mentir, enganar, manipular, roubar, agir impulsivamente; (b) colocar em risco a própria segurança e a de outras pessoas. Outra característica é o comportamento irresponsável, seja em relação à escola ou ao trabalho, pois apresenta dificuldade em cumprir com suas obrigações.

O antissocial não sente remorso nenhum, ou quase nenhum, nem sequer culpa. Não é capaz de ser empático em relação às demais pessoas. É comum que apresente comportamento agressivo e impulsivo.

Não se pode diagnosticar um indivíduo como antissocial antes dos 18 anos de idade, ainda que seja possível observar seu comportamento desviante desde antes dos 15 anos.

Para receber um diagnóstico de TPA, é necessário que o indivíduo apresente pelo menos três sintomas dos mencionados acima, sendo que o comportamento delinquente deve ter começado antes dos 15 anos de idade. O tratamento do TPA geralmente inclui psicoterapia e, em alguns casos, medicação.

É comum associar esse transtorno a assassinos em série, mas essa não é a realidade da maioria dos antissociais. Veja abaixo a história de James Fallon, um neurocientista americano que se descobriu antissocial.

> **Para saber mais**
> James Fallon é um neurocientista americano que se tornou conhecido por sua pesquisa sobre a genética do comportamento humano. Em 2005, Fallon[83] realizou uma pesquisa sobre assassinos em série e descobriu que eles tinham uma anormalidade na região pré-frontal do cérebro, o que o levou a investigar sua própria família em busca de traços genéticos semelhantes.

---

[83] FALLON, J. H. *The Psychopath Inside: A Neuroscientist's Personal Journey into the Dark Side of the Brain.* Penguin Group, 2013.

> Ao investigar sua própria árvore genealógica, o pesquisador descobriu que tinha uma história familiar com assassinos em série e criminosos violentos. Isso o levou a fazer uma varredura cerebral em si mesmo, e ele descobriu algo surpreendente: sua estrutura cerebral era semelhante à de um psicopata.
>
> Surpreso com o resultado, já que sempre havia considerado a si mesmo como uma pessoa normal e afetuosa, compartilhou com sua mãe e esposa sua condição e, para sua surpresa, elas não demonstraram espanto. Aliás, concordaram que ele apresentava comportamentos que indicavam um traço antissocial, incluindo uma tendência a ser insensível aos sentimentos dos outros e uma necessidade de sempre ser o centro das atenções.
>
> Em sua pesquisa, Fallon concluiu que o comportamento antissocial é uma combinação complexa de fatores genéticos e ambientais, e que nem todas as pessoas com uma predisposição genética para esse tipo de comportamento se tornam criminosas. No entanto, ele também alerta que, mesmo em pessoas que não apresentam comportamento criminoso, a personalidade antissocial pode levar a problemas interpessoais e emocionais.
>
> A história de James Fallon é um exemplo fascinante de como a genética pode influenciar o comportamento humano e como a combinação de fatores ambientais e genéticos pode afetar a personalidade.

2.5 Psicologia do Desenvolvimento

A Psicologia do Desenvolvimento é um campo de estudo que busca entender como os seres humanos se desenvolvem em diferentes estágios da vida, desde a concepção até a morte. De acordo com Santrock (2016)[84], a área abrange o desenvolvimento físico, cognitivo, emocional e social.

---

[84] SANTROCK, J. W. *Psicologia do desenvolvimento*. Artmed, 2016.

No que diz respeito ao desenvolvimento físico, esse processo ocorre de forma gradativa e sequencial, seguindo um padrão previsível e ordenado. Durante a gestação, ocorrem mudanças significativas no organismo do feto, como o desenvolvimento do sistema nervoso, dos órgãos sensoriais e do sistema cardiovascular. Ao nascer, o bebê continua a se desenvolver, passando por mudanças físicas que incluem o crescimento corporal, a maturação dos sistemas corporais e a aquisição de habilidades motoras (Bock; Teixeira; Furtado, 2009)[85].

Já em relação ao desenvolvimento mental, os mesmos autores destacam que esse processo envolve mudanças qualitativas e quantitativas no pensamento e na cognição. Segundo Piaget (1990)[86], o desenvolvimento cognitivo ocorre por meio de estágios, nos quais as crianças passam por mudanças qualitativas na forma como pensam e entendem o mundo e a aquisição de conhecimento e a construção do pensamento se dão por processos de assimilação e acomodação. A assimilação ocorre quando novas informações são incorporadas às estruturas cognitivas já existentes, enquanto a acomodação ocorre quando as estruturas cognitivas são modificadas para acomodar novas informações.

O desenvolvimento emocional, por sua vez, envolve as mudanças nas emoções e na regulação emocional, incluindo a capacidade de identificar e expressar emoções e lidar com o estresse e a ansiedade (Thompson, 2014)[87].

Por fim, o desenvolvimento social abarca as mudanças nas relações interpessoais e na interação com o ambiente social (Santrock, 2016)[88].

---

[85] BOCK, A. M. B.; TEIXEIRA, M. de L. T.; FURTADO, O. *Psicologias: uma introdução ao estudo de Psicologia*. São Paulo: Saraiva, 2009.
[86] PIAGET, Jean. *Epistemologia genética*. Trad. Álvaro Cabral. São Paulo: Martins Fontes, 1990.
[87] THOMPSON, R. A. *Emotion regulation: A theme in search of definition*. Emotion Review, 6(1), 92-99, 2014.
[88] SANTROCK, J. W. *Psicologia do desenvolvimento*. Artmed, 2016.

O campo da Psicologia do Desenvolvimento tem aplicações práticas em diversas áreas, como na educação, na saúde e na assistência social. O estudo do desenvolvimento infantil, por exemplo, pode ajudar a entender a importância de atividades como a leitura e a escrita para o desenvolvimento da linguagem e do pensamento. O conhecimento sobre o desenvolvimento humano também pode ser aplicado no planejamento de políticas públicas para promover o bem-estar das pessoas durante todo o seu ciclo vital.

2.5.1 Períodos do Ciclo Vital

O ciclo vital humano é o processo de mudanças físicas, cognitivas e sociais que ocorrem ao longo da vida de uma pessoa, desde o nascimento até a morte. De acordo com as teorias do desenvolvimento humano, existem várias fases distintas que são vivenciadas por todos os seres humanos. São várias as teorias do desenvolvimento humano e cada uma delas faz segmentações próprias do ciclo da vida (Bee, 2003)[89].

Observe nas tabelas abaixo as fases do desenvolvimento propostas por Papalia e Feldman[90] (2013, p.40-42).

---

[89] BEE, H. *A criança em desenvolvimento*. Porto Alegre: Artmed, 2003.
[90] PAPALIA, D. E.; FELDMAN, R. D. *Desenvolvimento humano*. 12. ed. Porto Alegre: AMGH, 2013.

Tabela 5. Fases do desenvolvimento humano

Faixa Etária	Desenvolvimento Físico	Desenvolvimento Cognitivo	Desenvolvimento Psicossocial
Período Pré-natal (concepção ao nascimento)	Ocorre a concepção. A dotação genética interage com as influências ambientais desde o início. Formam-se estruturas e os órgãos corporais básicos. Inicia-se o crescimento cerebral. O crescimento físico é o mais rápido de todo o ciclo vital. O feto ouve e responde a estímulos sensoriais. A vulnerabilidade a influências ambientais é grande.	As capacidades de aprender e lembrar estão presentes durante a etapa fetal.	O feto responde à voz da mãe e desenvolve uma preferência por ela.

Faixa Etária	Desenvolvimento Físico	Desenvolvimento Cognitivo	Desenvolvimento Psicossocial
Primeira infância (do nascimento aos 3 anos)	Todos os sentidos funcionam no nascimento em graus variados. O cérebro aumenta sua complexidade e é altamente sensível à influência ambiental. O crescimento do desenvolvimento físico das habilidades motoras é rápido.	As capacidades de aprender e lembrar estão presentes, mesmo nas primeiras semanas. O uso de símbolos e a capacidade de resolver problemas desenvolvem-se ao final do segundo ano de vida. A compreensão e o uso da linguagem desenvolvem-se rapidamente.	Desenvolve-se um apego aos pais e outras pessoas. Desenvolve-se a autoconsciência. Ocorre uma mudança da dependência para a autonomia. Aumenta o interesse por outras crianças.

Faixa Etária	Desenvolvimento Físico	Desenvolvimento Cognitivo	Desenvolvimento Psicossocial
Segunda infância (dos 3 aos 6 anos)	O crescimento é constante. O corpo fica mais delgado e as proporções mais semelhantes às de um adulto. O apetite diminui e os problemas de sono são comuns. A preferência pelo uso de uma das mãos aparece e as habilidades motoras finas e gerais de força aumentam.	O pensamento é um pouco egocêntrico, mas a compreensão do ponto de vista de outras pessoas aumenta. A imaturidade cognitiva leva a algumas ideias ilógicas sobre o mundo. A memória e a linguagem se aperfeiçoam. A inteligência torna-se mais previsível.	O autoconceito e a compreensão das emoções tornam-se mais complexos. A autoestima é global. Aumentam a independência, a iniciativa, o autocontrole e os cuidados consigo mesmo. Desenvolve-se a identidade de gênero. O brincar torna-se mais imaginativo, mais complexo e mais social. Altruísmo, agressão e temores são comuns. A família ainda é o foco da vida social, mas outras crianças tornam-se mais importantes. Frequentar a pré-escola é comum.

Faixa Etária	Desenvolvimento Físico	Desenvolvimento Cognitivo	Desenvolvimento Psicossocial
Terceira infância (dos 6 aos 11 anos)	O crescimento diminui. Força e habilidades atléticas aumentam. Doenças respiratórias são comuns, mas a saúde geralmente é melhor do que em qualquer outro período do ciclo vital.	O egocentrismo diminui. As crianças começam a pensar com lógica, mas de maneira concreta. As habilidades de memória e linguagem aumentam. Os desenvolvimentos cognitivos permitem que as crianças se beneficiem com a educação escolar. Algumas crianças apresentam necessidades e talentos educacionais especiais.	O autoconceito torna-se mais completo, influenciando a autoestima. A corregulação reflete a transferência gradual de controle dos pais para a criança. Os amigos assumem a importância central.

Faixa Etária	Desenvolvimento Físico	Desenvolvimento Cognitivo	Desenvolvimento Psicossocial
Adolescência (dos 11 aos 20 anos, aproximadamente)	O crescimento físico e outras mudanças são rápidas e profundas. Ocorre maturidade reprodutiva. Questões comportamentais, como transtornos alimentares e abuso de drogas, trazem importantes riscos à saúde.	Desenvolve-se a capacidade de pensar em termos abstratos e utilizar o raciocínio científico. O pensamento imaturo persiste em algumas atitudes e em alguns comportamentos. A educação se concentra na preparação para a faculdade ou para a vida profissional.	Busca de identidade, incluindo a identidade sexual, torna-se central. Relacionamento com os pais são, em geral, bons. Os grupos de amigos ajudam a desenvolver e testar o autoconceito, mas também podem exercer uma influência antissocial.

Faixa Etária	Desenvolvimento Físico	Desenvolvimento Cognitivo	Desenvolvimento Psicossocial
Jovem adulto (dos 20 aos 40 anos)	A condição física atinge o máximo, depois diminui ligeiramente. As escolhas de estilo de vida influenciam a saúde.	As capacidades cognitivas e os julgamentos morais assumem maior complexidade. Escolhas educacionais e profissionais são feitas.	Os traços e estilos de personalidade tornam-se relativamente estáveis, mas as mudanças na personalidade podem ser influenciadas pelas etapas e pelos eventos de vida. Tomam-se decisões sobre os relacionamentos íntimos e os estilos de vida pessoais. A maioria das pessoas casa-se e tem filhos.

Faixa Etária	Desenvolvimento Físico	Desenvolvimento Cognitivo	Desenvolvimento Psicossocial
Meia-idade (dos 40 aos 65 anos)	Pode ocorrer alguma deterioração das capacidades sensoriais, da saúde do vigor e da destreza. Para as mulheres, chega a menopausa.	A maioria das capacidades mentais atinge o máximo; a perícia e as capacidades de resolução de problemas práticos são acentuadas. O rendimento criativo pode diminuir, mas melhorar em qualidade. Para alguns, o êxito na carreira e o sucesso financeiro alcançam o máximo, para outros pode ocorrer o esgotamento total ou mudança profissional.	O senso de identidade continua se desenvolvendo; pode ocorrer uma transição de meia-idade estressante. A dupla responsabilidade de cuidar dos filhos e dos pais idosos pode causar estresse. A saída dos filhos deixa o ninho vazio.

Faixa Etária	Desenvolvimento Físico	Desenvolvimento Cognitivo	Desenvolvimento Psicossocial
Terceira idade (dos 65 anos em diante)	A maioria das pessoas é saudável e ativa, embora a saúde e as capacidades físicas diminuam um pouco. O tempo de reação mais lento afeta alguns aspectos do funcionamento.	A maioria das pessoas é mentalmente alerta. Embora a inteligência e a memória possam se deteriorar em algumas áreas, a maioria das pessoas encontra formas de compensação.	A aposentadoria pode oferecer novas opções para a utilização do tempo. As pessoas precisam enfrentar as perdas pessoais e a morte iminente. Os relacionamentos com a família e com os amigos íntimos podem oferecer apoio importante. A busca de significado na vida, assume importância central.

Fonte: Papalia e Feldman (2013)[91]

---

[91] PAPALIA, D. E.; FELDMAN, R. D. *Desenvolvimento humano*. 12. ed. Porto Alegre: AMGH, 2013.

A Organização Mundial da Saúde (OMS, 2022)[92] considera idosa a pessoa com 60 anos ou mais. Esse conceito foi consolidado com a publicação da convenção Interamericana sobre os direitos do Idoso (2015)[93], primeiro documento internacional de natureza jurídica que define pessoa idosa como: pessoa com 60 anos ou mais, exceto se a lei interna do país determinar uma base de idade menor ou maior, desde que não exceda 65 anos.

No Brasil, de acordo com a Lei 8.842/94 (Brasil, 1994)[94] e o Estatuto do Idoso (Brasil, 2003)[95] aprovado em 2003, a legislação nacional estabelece a idade igual ou superior a 60 anos para caracterizar a pessoa como idosa.

A mesma Lei nº 8.842/94 assevera em seu Art. 1º que o objetivo da política nacional do idoso é garantir a ele acesso aos direitos sociais, por meio do desenvolvimento de sua autonomia, integração e participação efetiva na sociedade.

Diante disso, faz-se necessária a reflexão sobre a efetividade dessa Lei, pois, segundo levantamento realizado pela Instituto Brasileiro de Geografia e Estatística (IBGE, 2021)[96], no ano de 2021, pessoas com 60 anos ou mais representavam 14,7% da população residente no país, isso significa dizer que mais de 31,23 milhões de brasileiros são idosos. Veja, a seguir, um panorama da situação enfrentada por idosos no mundo.

---

[92] ORGANIZAÇÃO Mundial da Saúde. Ageing. *Organização Mundial da Saúde* (OMS). Disponível em: <https://www.who.int/health-topics/ageing#tab=tab_1>. Acesso em: 13 de janeiro de 2022.

[93] ORGANIZAÇÃO dos Estados Americanos. *Convenção Interamericana sobre a Proteção dos Direitos Humanos dos Idosos*. Assunção, Paraguai, 15 jun. 2015.

[94] BRASIL. Lei nº 8.842, de 4 de janeiro de 1994. Dispõe sobre a política nacional do idoso, cria o Conselho Nacional do Idoso e dá outras providências. *Diário Oficial da União*, Brasília, DF, 5 jan. 1994.

[95] BRASIL. Lei nº 10.741, de 1º de outubro de 2003. Dispõe sobre o Estatuto do Idoso e dá outras providências. *Diário Oficial da União*, Brasília, DF, 3 out. 2003. Disponível em: http://www.planalto.gov.br/ccivil_03/leis/2003/L10.741.htm. Acesso em 09/11/2022.

[96] INSTITUTO Brasileiro de Geografia e Estatística – IBGE. *Estimativas da população*. Rio de Janeiro: IBGE, 2021.

Figura 3. Panorama da situação enfrentada por idosos no mundo.

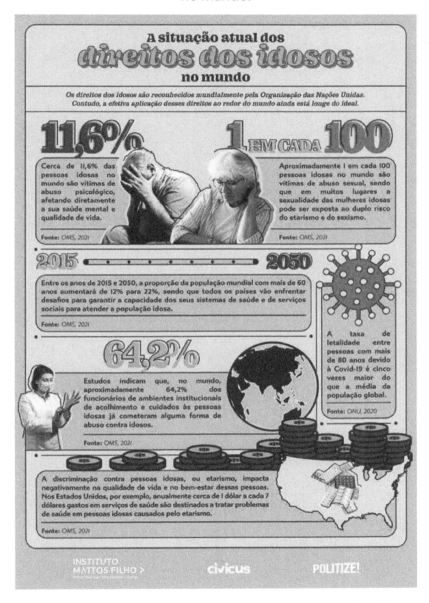

Fonte: Politize.com.br. Disponível em: www.politize.com.br/equidade/blogspot/o-que-sao-direitos-dos-idosos/. Acesso em: 22 jan. 2023.

3.
A ATUAÇÃO DO PSICÓLOGO NO PODER JUDICIÁRIO

Após conhecer o funcionamento da psique humana e compreender alguns dos possíveis transtornos psicológicos que podem desencadear ações judiciais, será preciso avaliar o alcance de um laudo psicológico e/ou um parecer psicológico em uma decisão judicial (Myra & Lopes, 2008)[97]. Para isso, faz-se necessário rememorar a confluência entre Psicologia e Direito, assim como o uso que este faz dela como uma ciência acessória que pode, ou não, servir de base para suas decisões.

A normatização da atuação do psicólogo no poder judiciário como perito ou assistente técnico está prevista na Resolução CFP nº 008/2010 que dispõe sobre a atuação de psicólogas(os) em relação às questões de gênero nas políticas públicas (CFP, 2022)[98]. De acordo com a norma, compete ao psicólogo perito auxiliar o sistema judiciário, devendo realizar suas atividades com neutralidade em relação às partes interessadas, elaborar um laudo psicológico que se baseie em conhecimentos teóricos e técnicos respaldados pela

---

[97] MIRA Y., LOPEZ, E. *Manual de Psicologia jurídica*. 2.ed. São Paulo: Impactus, 2008.
[98] CONSELHO Federal de Psicologia. Resolução CFP nº 008/2010. Dispõe sobre a atuação de psicólogas(os) em relação às questões de gênero nas políticas públicas. Brasília, DF: CFP, 2010. Disponível em: https://site.cfp.org.br/wp-content/uploads/2011/08/Resolucao008-2010.pdf. Acesso em: 22/10/22.

ciência da Psicologia, com o objetivo de fornecer subsídios para as decisões judiciais.

É comum que o psicólogo que exerce a função de perito judicial seja membro do quadro de servidores do Tribunal de Justiça, mas, caso se faça necessário, é possível que o juiz indique outro psicólogo registrado no Cadastro de Auxiliares da Justiça (CAJU), desde que atenda aos requisitos exigidos pela Lei nº 13.105/15 (Brasil, 2015)[99], que instituiu o novo Código de Processo Civil. É importante destacar que, independentemente de ser realizado no serviço público ou privado, a nomeação ou requisição da perícia deve sempre partir do magistrado.

Após a nomeação do perito, cabe ao psicólogo definir sua metodologia de trabalho, com base nas orientações éticas e técnicas expressas pelo conselho de classe, podendo realizar observações, visitas, aplicar testes psicológicos, entrevistas, bem como lançar mão de qualquer prática metodológica reconhecida e validada pelo CFP a fim de subsidiar a elaboração do Laudo Psicológico, conforme estabelece a Resolução CFP nº 006/2019 (CFP, 2019)[100]:

> *Art. 13 – O laudo psicológico é o resultado de um processo de avaliação psicológica, com finalidade de subsidiar decisões relacionadas ao contexto em que surgiu a demanda. Apresenta informações técnicas e científicas dos fenômenos psicológicos, considerando os condicionantes históricos e sociais da pessoa, grupo ou instituição atendida.*
>
> *I – O laudo psicológico é uma peça de natureza e valor técnico-científico. Deve conter narrativa detalhada e didática, com precisão e harmonia, tornando-se acessível e compreensível ao destinatário, em conformidade com os preceitos do Código de Ética Profissional do Psicólogo.*

---

[99] BRASIL. Lei nº 13.105, de 16 de março de 2015. Código de Processo Civil. *Diário Oficial da União*, Brasília, DF, 17 mar. 2015. Disponível em: http://www.planalto.gov.br/ccivil_03/_Ato2015-2018/2015/Lei/L13105.htm. Acesso em 22/10/22.

[100] CONSELHO Federal de Psicologia. Resolução CFP nº 06/2019. Brasília, 2019.

II – Deve ser construído com base no registro documental elaborado pela(o) psicóloga(o), em conformidade com a Resolução CFP nº 01/2009, ou outras que venham a alterá-la ou substituí-la, e na interpretação e análise dos dados obtidos por meio de métodos, técnicas e procedimentos reconhecidos cientificamente para uso na prática profissional, conforme Resolução CFP nº 09/2018 ou outras que venham a alterá-la ou substituí-la.

III – Deve considerar a demanda, os procedimentos e o raciocínio técnico-científico da profissional, fundamentado teórica e tecnicamente, bem como suas conclusões e recomendações, considerando a natureza dinâmica e não cristalizada do seu objeto de estudo.

IV – O laudo psicológico deve apresentar os procedimentos e conclusões gerados pelo processo de avaliação psicológica, limitando-se a fornecer as informações necessárias e relacionadas à demanda e relatar: o encaminhamento, as intervenções, o diagnóstico, o prognóstico, a hipótese diagnóstica, a evolução do caso, orientação e/ou sugestão de projeto terapêutico.

Estrutura:

§ 1º – O laudo psicológico deve apresentar as informações da estrutura detalhada abaixo, em forma de itens.

I – O Laudo Psicológico é composto de 6 (seis) itens:

a) Identificação;
b) Descrição da demanda;
c) Procedimento;
d) Análise;
e) Conclusão;
f) Referências.

Assim como o juiz pode indicar um perito, as partes também podem sugerir um assistente técnico de sua confiança que atuará analisando, restritamente, a perícia e o laudo psicológico decorrente dela, ou seja, não compete ao assistente técnico realizar nova avaliação psicológica. Ao final da análise, o profissional expedirá um Parecer Psicológico, conforme resolução CFP nº 06/2019[101]:

---

[101] Idem.

Art. 14 O parecer psicológico é um pronunciamento por escrito, que tem como finalidade apresentar uma análise técnica, respondendo a uma questão-problema do campo psicológico ou a documentos psicológicos questionados.

I – O parecer psicológico visa a dirimir dúvidas de uma questão-problema ou documento psicológico que estão interferindo na decisão do solicitante, sendo, portanto, uma resposta a uma consulta.

II – A elaboração de parecer psicológico exige, da(o) psicóloga(o), conhecimento específico e competência no assunto.

III – O resultado do parecer psicológico pode ser indicativo ou conclusivo.

§ 1° – O parecer psicológico deve apresentar as informações da estrutura detalhada abaixo, em forma de itens.

I – O Parecer é composto de 5 (cinco) itens:
a) Identificação;
b) Descrição da demanda;
c) Análise;
d) Conclusão;
e) Referências.

Para que o parecer psicológico seja válido como prova judicial, é preciso que o psicólogo que o elaborou tenha registro profissional no Conselho Regional de Psicologia e seja reconhecido como perito pela Justiça (Badaró, 2015)[102]. Além disso, é fundamental que o profissional seja imparcial e independente, buscando apresentar ao juiz uma análise técnica e imparcial da situação.

O laudo pericial é uma prova dentro do processo e o juiz é obrigado, por lei, a fundamentar sua sentença com as provas disponíveis no processo (Fiorelle, 2008)[103]. O parecer do assistente técnico também será uma prova no processo, de modo que o juiz poderá utilizá-la para fundamentar a sentença.

---

[102] BADARÓ, Gustavo. *Processo Penal.* 5ª ed. São Paulo: Revista dos Tribunais, 2015.
[103] FIORELLE, J. O. et al. *Psicologia aplicada ao direito.* 2.ed. São Paulo: LTr, 2008.

Ressurge aqui a ideia defendida por Trindade (2017)[104] de que, mesmo após o caminho que já foi percorrido conjuntamente entre a Psicologia e o Direito, ainda prevalece a justaposição da ciência jurídica sobre a ciência da mente. É urgente que seja concedido à Psicologia seu verdadeiro valor.

3.1 Avaliação Psicológica no Campo Jurídico

A avaliação psicológica é um processo sistemático de coleta e análise de informações sobre um indivíduo, que tem como objetivo compreender suas características e problemas psicológicos, bem como orientar intervenções para ajudá-lo a lidar com suas dificuldades (Anastasi & Urbina, 1997)[105]. A avaliação psicológica pode envolver diferentes técnicas e instrumentos, como entrevistas, testes psicológicos, observações e análises documentais.

Para realizar uma avaliação psicológica adequada, é necessário seguir normas e diretrizes éticas e técnicas estabelecidas pelo Conselho Federal de Psicologia (CFP), além de utilizar instrumentos e técnicas validados cientificamente. É importante também ter formação e habilidades específicas para a realização desse tipo de avaliação.

Na instituição judiciária, a avaliação psicológica é realizada para avaliar questões relacionadas à capacidade mental, responsabilidade penal, grau de periculosidade, veracidade de testemunhos, entre outras. Para isso, são utilizados diversos instrumentais que permitem a coleta de dados sobre as habilidades cognitivas, aspectos emocionais e de personalidade dos indivíduos.

Dentre os recursos mais utilizados na avaliação psicológica, destacam-se os testes psicológicos, entrevistas clínicas, observação comportamental e aquilo que se mostrar necessário, desde que seja um método reconhecido e validado pelo CFP.

Os testes psicológicos são utilizados para avaliar habilidades cognitivas, como memória, atenção, raciocínio lógico, além de aspectos

---

[104] TRINDADE, J. (2017). *Manual de Psicologia Jurídica para operadores do Direito*. Porto Alegre: Livraria do Advogado.
[105] ANASTASI, A., & URBINA, S. (1997). *Testagem psicológica*. Porto Alegre: Artes Médicas.

emocionais e de personalidade. As entrevistas clínicas são recursos utilizados para coletar informações mais detalhadas sobre a história de vida e comportamento do indivíduo, assim como sua percepção dos eventos e situações em que se encontra. A observação comportamental é uma técnica que permite a coleta de dados sobre o comportamento do indivíduo em situações específicas, como interações sociais e atividades cotidianas.

A avaliação psicológica na instituição judiciária é realizada por psicólogos especializados na área, que possuem formação específica e conhecimentos técnicos necessários para avaliar questões complexas relacionadas ao comportamento humano. Além disso, os psicólogos que realizam avaliações psicológicas na instituição judiciária devem seguir normas e diretrizes éticas específicas para essa prática, visando garantir a qualidade e a precisão das informações coletadas.

3.1.1 Avaliação Psicológica no Sistema Prisional

A avaliação psicológica é uma ferramenta fundamental para compreender o comportamento humano em diversos contextos, inclusive no sistema prisional e sua aplicação em contextos penitenciários tem como objetivo a identificação de fatores que possam influenciar o comportamento dos detentos, além de ancorar decisões sobre a forma como cumprirão sua pena, por exemplo.

No sistema prisional, a avaliação psicológica é realizada por psicólogos capacitados, que utilizam uma variedade de técnicas e instrumentos para avaliar aspectos emocionais, comportamentais e cognitivos dos detentos, sendo que os instrumentos mais utilizados são o teste de personalidade, o teste de inteligência e a entrevista clínica.

Alguns dos principais objetivos desse tipo de avaliação no sistema prisional incluem a identificação de possíveis transtornos mentais, o mapeamento do perfil de personalidade dos detentos, a avaliação da capacidade de discernimento e da inteligência, e a identificação de fatores de risco para comportamentos violentos ou autodestrutivos.

Neste momento, você deve estar se perguntando: qual a utilidade desses dados uma vez que o indivíduo está preso e condenado, será que pode haver algum impacto direto em sua pena?

A resposta é: talvez. A principal finalidade da avaliação psicológica nesse contexto é subsidiar a elaboração de programas de intervenção e ressocialização, a partir da identificação das necessidades individuais de cada detento, assegurando assim, a garantia dos seus direitos e a promoção da justiça social.

Apesar da relevância das avaliações psicológicas no campo prisional, o atual cenário não se mostra favorável para a prática, pois de acordo com a revisão sistemática realizada por Santos, Cunha e Argimon (2019)[106] existem alguns desafios que precisam ser superados, como:

1. Falta de recursos humanos e materiais para a realização da avaliação psicológica, como falta de psicólogos e equipamentos adequados.
2. Dificuldade em estabelecer uma relação de confiança entre o psicólogo e o preso, devido à desconfiança dos detentos em relação ao sistema prisional e aos profissionais que trabalham nele.
3. Falta de padronização dos procedimentos de avaliação psicológica, o que pode comprometer a validade e a confiabilidade dos resultados obtidos.
4. Falta de formação adequada dos psicólogos que trabalham no sistema prisional, tanto em relação às técnicas de avaliação psicológica quanto às questões éticas e legais envolvidas.

No que tange às perspectivas para a avaliação psicológica, propriamente no sistema prisional brasileiro, os autores apontam algumas necessidades:

1. Ampliação do acesso à avaliação psicológica por meio da contratação de mais psicólogos e da disponibilização de recursos materiais adequados.
2. Desenvolvimento de pesquisas sobre a avaliação psicológica no sistema prisional, visando à identificação de melhores práticas e à validação de instrumentos de avaliação.
3. Estabelecimento de diretrizes claras para a realização da avaliação psicológica no sistema prisional, visando à padronização dos procedimentos e à garantia da qualidade dos resultados obtidos.
4. Investimento na formação dos psicólogos que trabalham no sistema prisional, por meio de cursos e treinamentos específicos.

---

[106] SANTOS, E. A., CUNHA, J. A., & ARGIMON, I. I. L. Desafios e perspectivas da avaliação psicológica no sistema prisional brasileiro: uma revisão sistemática. *Revista Brasileira de Ciências Criminais*, 158(1), 481-507, 2019.

Apesar dos obstáculos que se apresentam à atuação do psicólogo jurídico, seu desempenho é essencial à justiça. Como visto, este profissional recorre a diferentes métodos de avaliação para realizar o psicodiagnóstico do acusado ou da vítima, como entrevistas, observação de comportamento e testes psicológicos. A seguir, você terá contato com as principais escalas psicológicas utilizadas na esfera jurídica nacional.

3.1.2 Principais Testes Utilizados na Psicologia Jurídica

O aumento na procura de profissionais do campo jurídico para realizar avaliações psicológicas em casos de disputa de custódia, faz com que seja necessário que os psicólogos se mantenham informados e busquem as melhores práticas para conduzir uma investigação de alta qualidade. Neste tópico serão apresentadas, com base em revisão da literatura, as principais escalas psicométricas utilizadas no campo jurídico nacional (Cambier, Mascarenhas & Kozlowski, 2015[107]; Alchieri, Gomes, Lopes & Vieira, 2011[108]; Bandeira, Tavares, Ribeiro & Moreira, 2014[109]; Carraro, Queiroz & Freitas, 2013)[110].

Teste de Rorschach – é um teste projetivo que visa avaliar a personalidade e as emoções do indivíduo. Ele é composto por dez pranchas de manchas de tinta, onde o examinando é convidado a

---

[107] CAMBIER, L. A.; MASCARENHAS, M. F.; KOZLOWSKI, L. B. Testes psicológicos mais utilizados por psicólogos peritos judiciais: uma revisão de literatura. *Psicologia Argumento*, v. 33, n. 81, p. 101-111, 2015.

[108] ALCHIERI, J. C.; GOMES, W. B.; LOPES, M. C. B. M.; VIEIRA, K. M. Perícias psicológicas e testes psicológicos: revisão de literatura nacional. *Avaliação Psicológica*, v. 10, n. 1, p. 99-108, 2011.

[109] BANDEIRA, D. R.; TAVARES, M. C. G.; RIBEIRO, L. R.; MOREIRA, D. S. Avaliação psicológica em processos judiciais: principais testes psicológicos utilizados por psicólogos forenses. *Revista de Psicologia Forense e Jurídica*, v. 3, n. 1, p. 44-55, 2014.

[110] CARRARO, T. E.; QUEIROZ, J. V.; FREITAS, L. C. Perícia psicológica em processos judiciais: revisão de literatura sobre o uso de testes psicológicos. *Revista Brasileira de Terapias Cognitivas*, v. 9, n. 2, p. 87-96, 2013.

dizer o que vê em cada uma delas. A interpretação das respostas é baseada em um conjunto de critérios subjetivos, levando em conta a forma, cor, sombra e movimento percebidos pelo examinando, bem como a história de vida e as experiências emocionais do indivíduo. O teste procura analisar a forma como o examinando elabora as percepções das manchas de tinta, permitindo uma avaliação da forma como o indivíduo processa as informações, estrutura sua realidade, lida com as emoções e se relaciona com o meio ambiente.

Teste de Apercepção Temática (TAT) – é um teste psicológico projetivo que visa avaliar a personalidade e as emoções do indivíduo por meio da interpretação de histórias apresentadas em cartões. O teste é composto por um conjunto de cartões, cada um contendo uma imagem que sugere uma situação social ou interpessoal. Durante o teste, o examinando é convidado a contar uma história baseada na imagem apresentada, respondendo a perguntas sobre a situação, personagens e possíveis desfechos. A interpretação das respostas é baseada em um conjunto de critérios subjetivos, levando em conta o conteúdo, a estrutura e a forma da história contada. O teste procura analisar a forma como o examinando elabora a história a partir da imagem apresentada, permitindo uma avaliação de como o indivíduo processa as informações, estrutura sua realidade, lida com as emoções e se relaciona com o meio ambiente.

Teste Palográfico – é um teste psicológico que tem como objetivo avaliar a personalidade do indivíduo por meio da análise da escrita de uma série de palavras ou frases em um tempo determinado. Durante o teste, examinando é solicitado ao escrever o máximo de vezes possível uma série de traços gráficos em uma folha de papel, dentro de um determinado tempo, geralmente entre 3 e 5 minutos. O teste se baseia na hipótese de que a maneira como o indivíduo executa a escrita dos traços gráficos reflete traços da sua personalidade, como a impulsividade, a ansiedade, a organização, a perseverança e outros. A interpretação dos resultados é realizada com base em um conjunto de critérios subjetivos, que levam em conta a quantidade, a qualidade, a forma e a velocidade da escrita, bem como a organização da folha de papel, entre outros aspectos. O palográfico procura avaliar a forma como o examinando lida com as tarefas que lhe são propostas, permitindo uma avaliação da sua personalidade e de suas características psicológicas.

Inventário de Personalidade NEO-PI-R – é um teste psicológico que avalia a personalidade de um indivíduo, com base no modelo dos Cinco Grandes Fatores da personalidade: Neuroticismo (tendências emocionais negativas, como ansiedade e instabilidade emocional); Extroversão (tendência de uma pessoa para buscar estimulação social e interagir com os outros); Abertura a Experiência (imaginação e a curiosidade intelectual); Amabilidade (disposição de uma pessoa para ser compassiva e cooperativa) e Conscienciosidade (tendência de uma pessoa para ser organizada, confiável e responsável).

Escala de Inteligência Wechsler para Adultos (WAIS) – teste psicológico utilizado para avaliar a inteligência geral de indivíduos adultos. A WAIS é dividida em duas partes principais: a Escala de Inteligência Verbal e a Escala de Inteligência de Execução. A primeira avalia habilidades como compreensão verbal, raciocínio verbal, fluência verbal e memória verbal. A Escala de Inteligência de Execução, por sua vez, mede habilidades como raciocínio espacial, percepção visual, memória visual e habilidades motoras.

Cada uma das subescalas da WAIS é composta por uma série de tarefas ou perguntas que exigem diferentes tipos de habilidades cognitivas. Os resultados de cada subescala são, então, comparados com os resultados da população em geral para determinar o quão bem o indivíduo avaliado se saiu em cada habilidade específica.

Escala de Inteligência Wechsler para Crianças (WISC) – é um teste psicológico utilizado para avaliar a inteligência de crianças entre 6 e 16 anos de idade. Composta por várias subescalas que medem diferentes habilidades cognitivas, é dividida em duas partes principais: a Escala de Inteligência Verbal e a Escala de Inteligência de Execução. A primeira avalia habilidades como compreensão verbal, raciocínio verbal, fluência verbal e memória verbal. A Escala de Inteligência de Execução, por sua vez, mede habilidades como raciocínio espacial, percepção visual, memória visual e habilidades motoras.

Cada uma das subescalas da WISC é composta por uma série de tarefas ou perguntas que exigem diferentes tipos de habilidades cognitivas. Os resultados de cada subescala são, então, comparados com os resultados da população em geral para determinar o quão bem a criança avaliada se saiu em cada habilidade específica.

Teste de Bender – avalia a maturidade perceptomotora e a presença de distúrbios neuropsicológicos em crianças e adultos. O teste consiste em uma folha de papel em branco, onde o examinador apresenta a figura do modelo (Bender) e solicita que o examinado reproduza a figura. O teste tem como objetivo avaliar o desenvolvimento da coordenação visomotora, habilidades perceptuais e organização espacial do indivíduo. Após a reprodução da figura, as produções são avaliadas por um psicólogo qualificado, levando em conta diversos aspectos, como a qualidade das linhas e formas, o tamanho e a posição das figuras.

É importante ressaltar que a escolha dos testes a serem utilizados em uma perícia deve ser cuidadosa e criteriosa, feita com base nas especificidades do caso em questão e com critérios técnicos e científicos bem fundamentados. Ainda, a aplicação e a interpretação dos testes devem ser realizadas por profissionais habilitados e devidamente capacitados para esse tipo de atividade.

Apenas para fim de curiosidade, veremos o que se sabe sobre os detectores de mentira na justiça brasileira.

3.1.3 Detectores de Mentiras

Atualmente, os principais detectores de mentiras utilizados no mundo são o polígrafo e a análise do comportamento verbal e não verbal, também conhecida como Análise da Credibilidade do Discurso (ACD), (Merten & Kraaij, 2018)[111].

O uso do polígrafo é controverso e não é considerado uma prova legalmente aceitável em processos judiciais brasileiros, pois é um dis-

---

[111] MERTEN, T., & KRAAIJ, V. Automated detection of deception: A review of non-invasive techniques and the potential for automation in forensic context. *Journal of Forensic Psychiatry and Psychology*, 29(6), 873-894, 2018.

positivo que mede a atividade fisiológica, como a frequência cardíaca, a pressão sanguínea, a respiração e a condutividade da pele durante o interrogatório de uma pessoa, partindo da hipótese de que o estresse causado pela mentira produza respostas fisiológicas diferentes das respostas dadas quando a pessoa está falando a verdade.

De acordo com a Constituição Federal do Brasil, ninguém é obrigado a produzir provas contra si mesmo, o que significa que um réu não pode ser obrigado a se submeter ao detector de mentiras. Além disso, o Código de Processo Penal Brasileiro (Brasil, 1941)[112] não reconhece o polígrafo como meio de prova em processos judiciais.

Apesar disso, em alguns casos, o polígrafo pode ser utilizado como um instrumento auxiliar na investigação de crimes, principalmente em investigações preliminares ou em processos administrativos.

A ACD, por sua vez, se baseia na observação do comportamento verbal e não verbal durante o interrogatório, com o objetivo de identificar possíveis sinais de mentira. Essa técnica é utilizada por profissionais treinados em Psicologia, Linguística, Comunicação e outras áreas relacionadas. Embora tenha sido alvo de críticas sobre sua eficácia e validade científica, existem estudos que mostram que a análise comportamental pode ser útil para detectar mentiras.

No entanto, é importante ressaltar que a detecção de mentiras é um processo complexo e ainda não há um método totalmente confiável e cientificamente comprovado para isso. O tema é tão caro à justiça que fez surgir um campo de estudos voltado exclusivamente para o testemunho, conforme segue.

3.1.4 O Psicólogo Jurídico enquanto Mediador de Resolução de Conflitos

Conflito, segundo o dicionário jurídico do Supremo Tribunal Federal (STF)[113], é a "situação na qual duas ou mais partes manifes-

---

[112] BRASIL. Decreto-Lei nº 3.689, de 3 de outubro de 1941. Código de Processo Penal. *Diário Oficial da União*, Brasília, DF, 13 out. 1941. Disponível em: http://www.planalto.gov.br/ccivil_03/decreto-lei/del3689compilado.htm. Acesso em: 5 abr. 2023.

[113] SUPREMO Tribunal Federal. *Dicionário jurídico*. Disponível em: http://www.stf.jus.br/portal/dicionario-juridico. Acesso em: 09 abr. 2023.

tam interesses opostos e incompatíveis, tendo por consequência uma oposição de vontades ou comportamentos". O conflito pode ser de diversas naturezas, como interpessoal, coletivo, trabalhista, familiar, entre outros. A resolução de um conflito pode se dar por diferentes meios como conciliação, mediação, arbitragem, entre outros.

A conciliação e mediação jurídica são métodos alternativos de resolução de conflitos no Brasil e podem ser realizados com a atuação de um psicólogo jurídico. A conciliação consiste na busca de um acordo amigável entre as partes envolvidas em um processo judicial, com a intervenção de um terceiro imparcial (conciliador) que auxilia na negociação e na comunicação entre as partes (Brasil, 2010)[114]. Enquanto a mediação é um processo mais amplo, que busca não apenas a resolução de um conflito, mas a promoção de uma mudança nas relações interpessoais das partes (Brasil, 2015)[115]. Nesse método, o mediador atua de forma mais ativa e busca, além do acordo, a compreensão das necessidades e interesses de cada uma das partes envolvidas.

A atuação do psicólogo jurídico como conciliador e mediador é de extrema importância no sistema judiciário brasileiro, uma vez que esse profissional possui habilidades específicas para lidar com conflitos e emoções. Associado a isso, pode contribuir para a construção de acordos mais justos e duradouros, promovendo a pacificação social e evitando processos litigiosos prolongados. A presença do

---

[114] BRASIL. Resolução CNJ nº 125, de 29 de novembro de 2010. Dispõe sobre a Política Judiciária Nacional de tratamento adequado dos conflitos de interesses no âmbito do Poder Judiciário e dá outras providências. *Diário da Justiça Eletrônico*, Brasília, DF, 06 dez. 2010. Disponível em: https://atos.cnj.jus.br/files/resolucao-cnj-n-125-de-29-de-novembro-de-2010-1292270571. Acesso em: 09 abr. 2023.

[115] BRASIL. Lei nº 13.140, de 26 de junho de 2015. Dispõe sobre a mediação entre particulares como meio de solução de controvérsias e sobre a autocomposição de conflitos no âmbito da administração pública; altera a Lei nº 9.469, de 10 de julho de 1997, e o Decreto nº 70.235, de 6 de março de 1972; e revoga o § 2º do art. 6º da Lei nº 9.469, de 10 de julho de 1997. *Diário Oficial da União*, Brasília, DF, 29 jun. 2015. Disponível em: http://www.planalto.gov.br/ccivil_03/_ato2015-2018/2015/lei/l13140.htm. Acesso em: 09 abr. 2023.

psicólogo jurídico no processo de conciliação e mediação também pode ajudar a reduzir a tensão entre as partes envolvidas, favorecendo um diálogo mais franco e empático.

4.
PSICOLOGIA DO TESTEMUNHO

A Psicologia do Testemunho é uma área de estudo que se concentra nas questões relacionadas à memória e precisão dos relatos de testemunhas em investigações jurídicas. Embora a prova testemunhal seja amplamente utilizada como meio de prova no processo penal brasileiro, é também um dos meios mais frágeis e passíveis de erro.

Como o crime é sempre um evento passado e histórico, sua reconstrução só pode ser feita através da memória. Entretanto, estudos conduzidos na área da Psicologia demonstram que a memória é altamente vulnerável a distorções, assim, os relatos baseados em testemunho não são capazes de reproduzir fielmente a realidade e frequentemente falham em garantir a precisão dos fatos relatados (Stein, 2010)[116].

É certo que a capacidade de lembrar com precisão eventos, detalhes e informações é fundamental para o sucesso da justiça, mas a memória humana pode ser afetada por uma série de fatores, como a sugestionabilidade e influência da mídia, por exemplo, (Gouveia & Guimarães, 2021[117]; Silva & Roazzi, 2021)[118].

---

[116] STEIN, L. M. *Falsas memórias*. Porto Alegre: Artmed, 2010.
[117] GOUVEIA, V. V., & GUIMARÃES, G. B. O papel da sugestionabilidade na formação da memória de testemunhas oculares. In *Psicologia Jurídica: Práticas e Pesquisas Contemporâneas* (pp. 113-128). Appris, 2021.
[118] SILVA, R. B., & ROAZZI, A. A influência da mídia na formação da memória de testemunhas oculares. In *Psicologia Jurídica: Práticas e Pesquisas Contemporâneas* (pp. 81-96). Appris, 2021.

Outro aspecto que influencia a adequada evocação das memórias de testemunhas oculares é o estado emocional e o estresse experimentados pelo indivíduo, asseguram Marques e Silva (2019)[119]. Segundo os autores, um exemplo dessa influência pode ser observado a partir do atentado ocorrido na maratona de Boston, no ano de 2013, quando três pessoas morreram e outras duzentas e sessenta e quatro ficaram feridas. As testemunhas, tomadas pela emoção e pelo estresse que experimentaram no momento do evento traumático, apresentaram grande dificuldade de relatar precisamente o que presenciaram.

Em razão das diversas possibilidades de os testemunhos serem influenciados por inúmeros fatores, é fundamental que sejam utilizados procedimentos de entrevista adequados, que visam obter informações precisas e minimizar a influência de fatores externos, como sugestões, na memória das testemunhas. Para isso, seria imperiosa a realização de treinamentos específicos para os profissionais envolvidos na coleta de depoimentos, visando aprimorar suas habilidades e técnicas de entrevista.

Segundo os mesmos autores, é importante que as testemunhas sejam expostas a condições de identificação similares às que ocorreram no evento observado, para que possam relembrar com maior precisão o que viram. Outra estratégia é a utilização de métodos de análise de conteúdo, que permitem uma avaliação mais acurada das informações fornecidas pelas testemunhas oculares.

Todas essas estratégias têm como objetivo minimizar o impacto de fatores emocionais e de estresse na formação da memória das testemunhas oculares, garantindo assim um julgamento justo e preciso.

Dentre todas as possíveis distorções de testemunho, destacam-se as falsas memórias, fenômeno comum que acomete a grande maioria das pessoas em seu cotidiano, mas quando atreladas a algum evento jurídico podem causar importantes danos.

---

[119] MARQUES, T. R., & SILVA, A. G. A influência da emoção e do estresse na memória do testemunho ocular. In *Psicologia Jurídica e Forense: Reflexões Contemporâneas* (pp. 161-183). Blucher, 2019.

4.1 O Fenômeno das Falsas Memórias

Antes de iniciar este assunto, você será submetido(a) a um teste. Leia o quadro abaixo três vezes e, em seguida, dê continuidade à leitura do tópico. Não retorne a este quadro até que seja orientado, combinado?

janela	abelha	seringa	grade	remédio
árvore	agulha	porta	braço	água

Possivelmente você já deve ter ouvido alguém dizer que "quem gosta de passado é museu". O sentido da frase é que você deve se ocupar do presente uma vez que não pode mudar o passado, mas, se não se pode usar o passado para nada, para que se lembrar dele?

A memória é um dos processos psicológicos básicos que mais impacta o cotidiano do ser humano, pois, sem ela, você não estaria lendo este livro, por exemplo, uma vez que ao ler este parágrafo já teria esquecido o que foi visto na linha anterior.

Imagine-se conversando com alguém sem memória, como seria? Certamente não haveria um diálogo porque a pessoa não seria capaz de responder uma só pergunta sua se não tivesse a capacidade de armazenar o conteúdo dito por você nos segundos anteriores. Agora você começará a compreender qual o impacto da memória na ciência jurídica.

Sabe-se que o repertório de experiências do passado serve para que, ao se lembrar de situações específicas, pondere sobre suas ações com base naquilo que vivenciou no passado. Portanto, a memória deve balizar suas ações no presente com base naquilo que você já experimentou no passado.

Reflita sobre a seguinte situação: se quando criança você colocou o dedo na tomada e tomou choque, possivelmente isso ficou registrado em sua memória e, desde então, jamais voltou a repetir tal ato porque a dor ficou registrada como um sinal de que aquela ação foi inadequada. Ainda, quando você decide conhecer um restaurante novo que está badalado no momento, mas tem uma péssima impressão porque sua bebida veio quente, a massa fria e o atendimento deixou a desejar, qual será a chance de você repetir a experiência? Possivelmente nenhuma, pois, você se lembrará do primeiro episódio.

Isso revela que a função da memória é oferecer subsídios para que as experiências do passado orientem as iniciativas do presente, de modo que essas sejam mais assertivas. Mas você se lembra de tudo o que já viveu até aqui? Certamente não, pois isso é raríssimo.

Somente pessoas acometidas por Hipertimesia ou Memória Autobiográfica Altamente Superior, uma síndrome neurológica raríssima que faz com que nenhuma informação experimentada pelo sujeito seja esquecida, independentemente do tempo passado, possuem tal capacidade. É provável que por alguns segundos você pensou que seria ótimo se isso lhe acontecesse, pois teria superpoderes de memorizar conteúdos, passar em concursos e realizar palestras, por exemplo, sem nenhuma dificuldade. Mas não é isso o que acontece com as poucas pessoas que apresentam tal condição, pois, ao se lembrarem de tudo, revivem emoções intensas o tempo todo e isso pode causar depressão e ansiedade generalizada.

Agora que você entendeu que memória em excesso é prejudicial, considere a seguinte situação, tente recuperar na sua memória uma situação que você tenha certeza que aconteceu, mas quando compartilha com alguém, a pessoa assegura que isso não existiu. Por exemplo, você tem memória precisa de certa vez, quando criança, andava pela calçada tomando um sorvete de casquinha e, ao trombar com um poste, perdeu o sorvete, além de se sujar todo. Você se lembra disso com riqueza de detalhes, mas ao compartilhar com o adulto que supostamente estava com você, ele diz que isso nunca aconteceu. Afinal, quem está certo?

Em se tratando de memória, tudo é possível. Ela pode ser precisa, imprecisa ou completamente errada. Isso significa que a memória apresenta falhas e existe um fenômeno que explica tais ocorrências, são as Falsas Memórias.

Jean Piaget, o renomado biólogo e psicólogo suíço, se lembrou durante muitos anos de ter passado por uma tentativa de sequestro quando bebê. Segundo sua memória, tinha lembranças de estar em uma praça com a babá quando um homem tentou roubá-lo do carrinho, mas ela bateu no sequestrador e foi socorrida por um policial. Piaget dizia se lembrar com detalhes da cena, apesar da pouca idade.

Contudo, passada mais de uma década, a babá confessou não ter passado de invenção dela para que ele se comportasse quando estivessem na rua. Isso prova que as memórias podem ser implantadas, pois, de tanto ouvir falar que aquilo aconteceu, ele criou imagens e passou a acreditar que de fato havia experimentado aquela situação.

As falsas memórias não são mentiras, pois, enquanto estas são intencionais, aquelas são lembranças reais de fatos que não aconteceram. Assim, uma falsa memória é uma junção de fatos reais associados a episódios imaginários, cuja fonte pode ter sido um filme, um sonho ou uma história, por exemplo.

Uma das maiores especialistas no assunto é a psicóloga e pesquisadora americana Elizabeth F. Loftus, que se debruçou sobre o campo da memória a fim de compreender seus alcances e limites. Dentre tantos casos narrados por ela, merece destaque a história de Steve Titus, gerente de restaurante, que foi acusado de ter abusado sexualmente de uma jovem. No início, a vítima disse que ele era muito parecido com seu abusador, mas no julgamento mudou seu relato, afirmando ter absoluta certeza de que ele era o homem. Após passar anos preso indevidamente, o réu confesso do crime foi encontrado. Titus perdeu tudo, emprego, noiva, amigos e, tamanho foi seu sofrimento, que perdeu a vida, pois, na véspera do julgamento que moveu contra o Estado, sofreu um infarto fulminante.

Afinal, como se explicam as falsas memórias? Existem três teorias que explicam o fenômeno. A teoria construtivista supõe que as lembranças dos indivíduos são como um quebra-cabeça, compostas por peças de situações vividas, pensamentos, ideias, crenças, histórias, ou seja, uma combinação de coisas reais ou imaginadas que constituem a memória. Assim, as lacunas deixadas durante o processo de retenção de informação são preenchidas por elementos que habitam a mente da pessoa.

Outra teoria que busca explicar as falsas memórias é o Monitoramento da Fonte, ou seja, saber qual foi a origem daquela informação, se é uma situação real experimentada pela pessoa ou imaginária, fruto de um sonho, por exemplo.

A teoria do Traço Difuso segmenta a memória em dois sistemas independentes de codificação, sendo um responsável por armazenar a memória de essência e outro pela memória literal. As memórias de essência são mais fortes, porém gerais, menos detalhadas. Por exemplo, você se lembra do dia do seu casamento, que houve uma linda festa, mas não é capaz de se lembrar de quantos doces comeu, quais foram os convidados que se dirigiram até a pista de dança primeiro. Já a memória literal dura menos tempo, mas oferece minúcias do fato, como a cor da blusa que você utilizou no seu primeiro dia de aula, por exemplo. A diferença entre elas reside na precisão e no conteúdo da informação.

Agora passou um filme pela sua cabeça e você ficou questionando a qualidade da sua memória já que não é capaz de se lembrar o que almoçou na última quarta-feira, correto?

> **Você sabia ?!**
> O pintor espanhol surrealista Salvador Dalí, escreveu em sua autobiografia que possuía lembranças reais de chutes e contrações que vivenciou quando estava no útero de sua mãe.

De acordo com Loftus (2005), a origem das falsas memórias pode ser de causas múltiplas, sendo elas espontâneas e implantadas ou sugeridas. As espontâneas, como o próprio nome diz, têm origem interna, se originam do próprio funcionamento psíquico do sujeito, sendo mais comuns. Por sua vez, as implantadas ou sugeridas, têm sua fonte no ambiente externo, sendo motivadas por outras pessoas por meio de sugestão, por exemplo. A falsa memória vivenciada por Piaget foi sugestionada pelas histórias contadas por sua babá e familiares.

> **Vamos refletir!**
> Você saía de um caixa rápido à noite quando foi assaltado por duas pessoas encapuzadas. A rua estava escura e não havia nenhuma outra pessoa a quem você pudesse gritar por socorro.

> Após levarem seus bens materiais, você caminhou até um posto de combustível e pediu ajuda. Tão logo conseguiu, foi levado a uma delegacia de polícia para oferecer uma denúncia. Ao relatar brevemente que havia sido assaltado por duas pessoas, alguém diz a você: "Os dois homens usavam capuz?" Nesse momento, possivelmente, em razão de estar vulnerável e suscetível, você foi sugestionado a acreditar que eram dois homens. Este é um exemplo de falsa memória por sugestão.

É possível que, em algum momento da sua vida, você já tenha sido sugestionado. Por sua vez, a falsa memória espontânea é bem mais frequente do que a sugestionada, pois acontece por pequenas falhas no processo de memorização.

No Brasil, apesar de ser tema tão relevante, as falsas memórias são pouco estudadas, ainda que isso impacte diretamente na vida de tantas pessoas que são acusadas e condenadas de maneira indevida.

Você condenaria ou absolveria alguém que se parecesse 70% com um criminoso? O relato que segue é trecho do acórdão RECURSO ESPECIAL Nº 1914998-SP (2021/0004018-6):

> C. passou na pizzaria e deixou sua esposa e filho aguardando no carro. Após efetuar o pagamento, um rapaz entrou no estabelecimento e apontou uma arma para sua testa. O assaltante estava com blusa de capuz e boné na cabeça. Estava com a carteira na mão e tentou escondê-la, mas não conseguiu. O comparsa do assaltante, aparentando ser menor de idade, entrou no local e passou a chutar o depoente. Subtraíram sua carteira e a chave do carro. Depois, foram em direção ao veículo e também o levaram. A bolsa de sua esposa e outros objetos que estavam no automóvel também foram subtraídos. Os ladrões levaram dinheiro da pizzaria. Nada foi recuperado. Um vizinho mostrou ao depoente a fotografia do acusado, pois ele havia causado a morte de outro vizinho, realizando "roleta russa" no trânsito. Ao vê-la,

reconheceu o acusado como a pessoa que o tinha assaltado. Compareceu na delegacia e, ao ver a fotografia do réu, reconheceu-o, sem sombra de dúvidas, como o autor do delito (mídia audiovisual). A vítima D. disse que dois rapazes jovens e magros, com capuz e boné na cabeça, passaram ao lado do carro em que a depoente estava e olharam para saber se havia alguém dentro. Nesse momento, pressentiu que seria assaltada. Eles entraram na pizzaria e, logo em seguida, saíram, determinando que a depoente saísse do carro. Ficou em estado de choque e só se preocupava com a vida de seu marido, pois um dos assaltantes estava armado. Nem sequer conseguia sair do carro. A depoente é péssima fisionomista, ao contrário de seu marido, que reconheceu o acusado quando um vizinho mostrou a ele a fotografia do réu, logo após este ter causado um acidente que resultou na morte de outro vizinho (mídia audiovisual). [...] Vale registrar que as vítimas prestaram depoimentos sérios, coerentes, convergentes e convincentes. Além disso, ressalte-se que elas não conheciam o acusado anteriormente aos fatos.
Vale ressaltar que, no caso vertente, a vítima Caetano identificou com segurança o apelado, por meio de foto, em solo policial, como sendo o roubador, confirmando tal reconhecimento na fase judicial. É compreensível que a outra vítima, a esposa, não pudesse reconhecer o acusado diante do estado psicológico que a acometeu no momento do crime, ao ver seu marido sendo subjugado com arma de fogo apontada para sua cabeça, somente se preocupou com ele e não com a aparência do réu. Portanto, respeitado o entendimento externado pelo preclaro Juiz sentenciante, a autoria do crime atribuída ao apelado ficou bem e suficientemente demonstrada seja porque a vítima C. reconheceu o réu como autor do roubo, na delegacia, por fotografia, sem esboçar qualquer dúvida; seja porque em Juízo o ofendido C. reafirmou ter reconhecido a fotografia do réu naquela oportunidade, asseverando, ainda, que o acusado, pessoalmente, é 70% semelhante ao réu, mesmo a audiência tendo sido realizada mais de três anos depois dos fatos.

A pergunta que fica é: o que faz com que uma pessoa que diz ter certeza absoluta ao apontar um suposto criminoso passe a ter 70% de certeza?

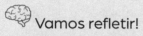 **Vamos refletir!**

Imagine que você está na sala de aula com outros 50 alunos e, durante uma troca de professores, alguém diz que o trabalho de Psicologia Jurídica deverá ter no mínimo 20 páginas e ser manuscrito. Várias pessoas começam a questionar e, indignadas, questionam o tempo que levarão para escrever um texto com mais de 20 páginas. Você participa de toda a discussão e se posiciona contrariamente, afirmando que na era digital não faz sentido entregar uma pesquisa manuscrita. Passados três dias, o professor responsável pela disciplina entra na sala de aula e, imediatamente, é inquirido por você, que diz: "Professor, a Júlia, representante de turma, disse que o trabalho a ser entregue na sua matéria é manuscrito, qual o motivo?" Imediatamente, a representante, que se senta na primeira fileira, se volta para você e com ar de indignação afirma não ter dito nada disso, sugerindo que você esteja mais informado antes de colocar o nome dela em confusão. Nesse momento você não entende mais nada, pois tinha convicção de que ela havia trazido tal informação para a sala. O que pode ter ocorrido? Quem disse que o trabalho deveria seguir aquele critério foi Gabriel, um aluno que já cursou a matéria no ano anterior, ocasião em que o professor exigiu que apresentassem o texto manuscrito. Então, quem está mentindo, você ou Júlia? Ninguém! Ocorreu que, seu cérebro errou a fonte de informação, e, por não saber quem havia dito isso, preencheu a lacuna com a imagem de Júlia, a representante, uma vez que normalmente quem traz as informações para a classe é ela. Quantas vezes isso já aconteceu com você ao longo de toda a sua vida? Incontáveis vezes, correto?

Lembra-se do teste de memória que você fez no início deste tópico? Pois bem, agora você terá dez segundos para dizer qual das palavras abaixo não estava disposta no quadro apresentado anteriormente.

janela	abelha	seringa	grade	remédio
árvore	injeção	porta	braço	água

Retorne ao início do capítulo e compare os dois quadros. Confira se você acertou a palavra que foi trocada. Cerca de 85% das pessoas vão errar o teste, pois vão associar a imagem de um dos termos a outro que se parece com ele. Se em uma situação corriqueira como essa você foi facilmente sugestionado, imagine se estiver sob forte estresse ou pressão emocional.

Não confie plenamente em sua memória, pois ela não é cópia fiel da realidade. Apesar de ser fantástica e essencial, a memória é falha.

Sugestão de filme
A caça – Sob a direção do dinamarquês Thomas Vinterberg, Lucas (Mads Mikkelsen) é um professor primário que, após se divorciar, passa a trabalhar em uma creche local. Participante ativo na comunidade, amigo de todos da cidade, vê sua vida ruir quando Klara (Annika Wedderkopp), sua aluna com 5 anos de idade, o acusa de abuso sexual. Toda a comunidade se volta contra ele, que busca provar sua inocência.

4.2 Depoimento Sem Dano

No mesmo campo da Psicologia do testemunho, um tema que ganhou ênfase recentemente, dada a sua relevância, foi o Depoimento Sem Dano (DSD) que é uma técnica utilizada para ouvir crianças e adolescentes vítimas de violência ou abuso sexual. Essa técnica tem como objetivo minimizar o sofrimento das vítimas durante o processo judicial, proporcionando uma escuta qualificada da vítima em um ambiente acolhedor e protegido.

Quando se fala em "uma escuta", não se trata de mera força de expressão, pois a tese do DSD consiste em escutar uma única vez o menor, vítima ou testemunha de um possível crime, de modo que ele não seja impelido a falar sobre o assunto diversas vezes.

Esse modelo de depoimento surgiu no Canadá, em meados de 1990, como resultado da insatisfação dos profissionais envolvidos na investigação de abuso sexual infantil com os métodos tradicionais de interrogatório utilizados pelas autoridades policiais e pelo sistema judiciário.

No Brasil, o Depoimento sem Dano foi idealizado em 2003, pelo então juiz da Infância e Juventude de Porto Alegre, Dr. José Antônio Daltoé Cezar. A ideia de ouvir crianças e adolescentes de forma mais humanizada surgiu quando Daltoé constrangeu-se ao ver uma menina, que havia sido abusada sexualmente, ser questionada durante o depoimento se havia gozado durante o ato sexual. Estarrecido com a situação à qual ela foi submetida, o juiz entendeu ser necessário adotar alguma medida que preservasse vítimas ou testemunhas menores de idade. Na ocasião, optou por utilizar dispositivos de monitoramento residencial com o intuito de experimentar uma nova abordagem para a obtenção de depoimentos que, após serem conduzidos por entrevistadores capacitados e registrados, reduziriam a necessidade de crianças e adolescentes serem submetidos a múltiplos depoimentos, evitando assim a possibilidade de reviverem traumas passados, visando maior proteção psicológica. Essa metodologia permitiu que os depoimentos fossem posteriormente apresentados aos juízes e às partes envolvidas no processo, inclusive ao acusado, sem que a vítima tivesse que enfrentar o agressor.

Foi graças ao olhar atento e humanizado de Daltoé, atualmente Desembargador do Tribunal de Justiça do Rio Grande do Sul e presidente da Associação Brasileira dos Magistrados da Infância e da Juventude, que passados quatorze anos, a Lei nº 13.431/2017 (Brasil, 2017)[120] foi sancionada, estabelecendo que o Depoimento Especial

---

[120] BRASIL. Lei nº 13.431, de 4 de abril de 2017. Estabelece o sistema de garantia de direitos da criança e do adolescente vítima ou testemunha de violência e altera a Lei nº 8.069, de 13 de julho de 1990 (Estatuto da Criança e do Adolescente), a Consolidação das Leis do Trabalho (CLT), aprovada pelo Decre-

– nome dado ao depoimento sem dano – fosse adotado sempre que possível, em qualquer fase do processo judicial ou administrativo. A medida evita a vitimização secundária, além de favorecer uma aproximação dos fatos uma vez que possibilita condições mais seguras para a vítima.

Leia um trecho da Lei nº 13.431/2017, que versa sobre a escuta especializada e o depoimento especial:

> Art. 7º Escuta especializada é o procedimento de entrevista sobre situação de violência com criança ou adolescente perante órgão da rede de proteção, limitado o relato estritamente ao necessário para o cumprimento de sua finalidade.
> Art. 8º Depoimento especial é o procedimento de oitiva de criança ou adolescente vítima ou testemunha de violência perante autoridade policial ou judiciária.
> Art. 9º A criança ou o adolescente será resguardado de qualquer contato, ainda que visual, com o suposto autor ou acusado, ou com outra pessoa que represente ameaça, coação ou constrangimento.
> Art. 10. A escuta especializada e o depoimento especial serão realizados em local apropriado e acolhedor, com infraestrutura e espaço físico que garantam a privacidade da criança ou do adolescente vítima ou testemunha de violência.
> Art. 11. O depoimento especial reger-se-á por protocolos e, sempre que possível, será realizado uma única vez, em sede de produção antecipada de prova judicial, garantida a ampla defesa do investigado.
> § 1º O depoimento especial seguirá o rito cautelar de antecipação de prova:
> I - quando a criança ou o adolescente tiver menos de 7 (sete) anos;
> II - em caso de violência sexual.

---

to-Lei nº 5.452, de 1º de maio de 1943, e a Lei nº 10.406, de 10 de janeiro de 2002 (Código Civil). *Diário Oficial da União*, Brasília, DF, 5 abr. 2017. Seção 1, p. 1.

§ 2º Não será admitida a tomada de novo depoimento especial, salvo quando justificada a sua imprescindibilidade pela autoridade competente e houver a concordância da vítima ou da testemunha, ou de seu representante legal.
Art. 12. O depoimento especial será colhido conforme o seguinte procedimento:
I - os profissionais especializados esclarecerão a criança ou o adolescente sobre a tomada do depoimento especial, informando-lhe os seus direitos e os procedimentos a serem adotados e planejando sua participação, sendo vedada a leitura da denúncia ou de outras peças processuais;
II - é assegurada à criança ou ao adolescente a livre narrativa sobre a situação de violência, podendo o profissional especializado intervir quando necessário, utilizando técnicas que permitam a elucidação dos fatos;
III - no curso do processo judicial, o depoimento especial será transmitido em tempo real para a sala de audiência, preservado o sigilo;
IV - findo o procedimento previsto no inciso II deste artigo, o juiz, após consultar o Ministério Público, o defensor e os assistentes técnicos, avaliará a pertinência de perguntas complementares, organizadas em bloco;
V - o profissional especializado poderá adaptar as perguntas à linguagem de melhor compreensão da criança ou do adolescente;
VI - o depoimento especial será gravado em áudio e vídeo.
§ 1º À vítima ou testemunha de violência é garantido o direito de prestar depoimento diretamente ao juiz, se assim o entender.
§ 2º O juiz tomará todas as medidas apropriadas para a preservação da intimidade e da privacidade da vítima ou testemunha.
§ 3º O profissional especializado comunicará ao juiz se verificar que a presença, na sala de audiência, do autor da violência pode prejudicar o depoimento especial ou colocar o depoente em situação de risco, caso em que, fazendo constar em termo, será autorizado o afastamento do imputado.

> § 4º Nas hipóteses em que houver risco à vida ou à integridade física da vítima ou testemunha, o juiz tomará as medidas de proteção cabíveis, inclusive a restrição do disposto nos incisos III e VI deste artigo.
> § 5º As condições de preservação e de segurança da mídia relativa ao depoimento da criança ou do adolescente serão objeto de regulamentação, de forma a garantir o direito à intimidade e à privacidade da vítima ou testemunha.
> § 6º O depoimento especial tramitará em segredo de justiça.

Após ler os artigos que versam sobre o depoimento especial e a escuta especializada, vale a pena diferenciar um do outro, pois são distintos, ainda que sejam utilizados como sinônimos.

O Depoimento Especial consiste em um procedimento que busca minimizar o impacto emocional da vítima ou testemunha durante o processo de tomada de depoimento (Vidal, 2018)[121]. O método visa garantir que o depoimento prestado por crianças e adolescentes, vítimas ou testemunhas de violência, seja feito de forma adequada, respeitando a capacidade de compreensão e expressão dos menores. Tal medida é essencial para garantir a proteção da vítima ou testemunha e também contribui para a efetividade da justiça. Afinal, ao garantir um depoimento de qualidade, livre de pressões e traumas, é possível obter informações mais precisas e confiáveis sobre o caso em questão, o que pode levar a uma decisão mais justa e precisa.

Sua implementação tem sido amplamente defendida por organizações da sociedade civil e pela própria justiça, uma vez que reconhecem a importância de garantir a segurança e a integridade desses indivíduos durante todo o processo judicial ou administrativo.

Condição para que o depoimento especial aconteça é a existência de uma escuta especializada. Entende-se por escuta especializada um método científico de interação e comunicação entre um profissional capacitado e uma criança ou adolescente, que tem como objetivo compreender e interpretar suas necessidades, desejos, experiências e emoções, considerando seu desenvolvimento cognitivo, emocional e

---

[121] VIDAL, J. M. Depoimento especial e o sistema de justiça: avanços, desafios e perspectivas. *Revista de Direito*, Estado e Sociedade, 13(3), 165-184, 2018.

social. Esse processo envolve técnicas e habilidades específicas, como a empatia, a escuta ativa, a observação não invasiva e a interpretação de sinais não verbais, além de uma abordagem ética e respeitosa, que valoriza a autonomia e a dignidade da criança ou adolescente e tem como finalidade promover a proteção, o bem-estar e o desenvolvimento saudável desse indivíduo (Gomes, 2018)[122].

Assim, a entrevista qualificada é um procedimento inerente ao depoimento especial, de modo que este não existe sem ela. Vale destacar que a técnica do depoimento especial ainda é relativamente nova e, por isso, há a necessidade de uma constante atualização e aprimoramento por parte dos profissionais envolvidos. Além disso, é fundamental que a implementação do depoimento especial seja acompanhada de políticas públicas mais amplas que visem a prevenção da violência sexual contra crianças e adolescentes (Cury, 2019)[123].

Veja a imagem a seguir, ela representa um modelo de sala de audiência nos padrões previstos para que a escuta especializada aconteça.

Observe que, no modelo ideal, existem duas salas – uma ao lado da outra – sem nenhum tipo de acesso entre elas. Uma delas é equipada com câmera e microfone, além de ser um espaço agradável para receber crianças e jovens. Nela, ficam o profissional que fará a escuta especializada e a testemunha/vítima. O único contato que existe entre esta sala e a outra é um fone de ouvido que está com o entrevistador. Na sala ao lado, ficam o juiz, a acusação e a defesa. Eles acompanham em tempo real a entrevista. Ao final dela, quando o entrevistador indicar sutilmente que finalizou a escuta, as partes (acusação e defesa) poderão fazer perguntas ao juiz, que transmitirá ao entrevistador. Compete a esse profissional, o especialista que escuta a criança, decidir se deve ou não fazer tais indagações ao menor, mas, caso o faça, deve elaborar o enunciado de forma que não

---

[122] GOMES, W. B., & CAMARGO, B. V. A técnica do depoimento especial: aspectos conceituais e práticos. *Revista Brasileira de Ciências Criminais*, 139(1), 223-242, 2018.
[123] CURY, R. G. Depoimento especial de crianças e adolescentes vítimas de violência sexual: uma análise crítica da legislação brasileira. In *Anais do XI Seminário Internacional de Direitos Humanos* (pp. 223-242), 2019.

constranja ou exponha a vítima/testemunha a qualquer situação que possa ser prejudicial a ela.

Isso acontece porque o papel deste profissional capacitado em escuta qualificada – seja ele um psicólogo, pedagogo, assistente social, psicopedagogo entre outros. – é zelar pelo bem-estar psíquico e moral do entrevistado. Portanto, ainda que o juiz formule uma pergunta que julga extremamente relevante, se o especialista entender que poderá causar algum desgaste ou transtorno para a vítima/testemunha, cuidará para que isso não aconteça.

Uma sessão de escuta especializada no método do depoimento especial pode ser muito demorada, pois, é preciso todo um preparo para que a entrevista adentre no fato em si. Isso ocorre porque a criança ou adolescente precisa se sentir segura para falar e porque o vínculo com o entrevistador pode demandar tempo.

Figura 4. Representação da sala especial para a realização de Depoimento Especial

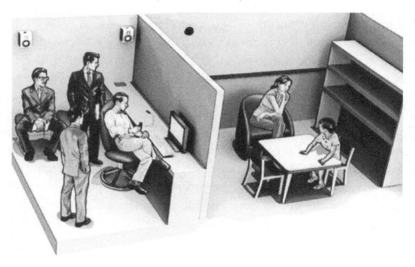

Fonte: Associação dos Magistrados do Mato Grosso do Sul. Disponível em: http://www.amamsul.com.br/site/index.php/imprensa/noticias/1066-audiencia. Acesso em: 09 jan. 2023.

Mas, na prática, isso funciona?

Ainda que exista um incentivo para que a prática seja implementada em todo o país, essa não é a realidade que se observa. Em algumas localidades, não existe infraestrutura mínima para isso, enquanto em outras, por mais que a sala e todo o aparato tecnológico estejam disponíveis, não há adesão do magistrado, seja por entender que não dispõe de tempo para acompanhar a entrevista, seja por julgar que o resultado da entrevista, quando realizada por outros profissionais, é insatisfatório porque não é objetivo.

O depoimento especial acontece em três etapas. A primeira consiste na avaliação psicossocial da criança ou adolescente, que deve ser realizada por profissionais especializados em Psicologia ou Serviço Social. Em seguida, é realizada a oitiva da vítima, a entrevista propriamente dita, que é conduzida por um profissional capacitado para ser imparcial, não sugestivo. Considerando a entrevista, propriamente, cada profissional pode seguir um modelo próprio que julgue mais adequado, desde que observe os objetivos da prática.

Durante a entrevista, que é gravada, a vítima deve ser acolhida e ouvida de forma empática, com respeito à sua capacidade de compreensão e aos seus direitos. É importante que a vítima se sinta segura e protegida durante todo o processo, sem sofrer pressão ou constrangimento. Ao final da entrevista, é realizada uma avaliação do impacto emocional sofrido por ela durante esse processo, sendo oferecidos serviços de apoio e proteção, se necessário.

Apesar de existir liberalidade por parte do profissional capacitado para a entrevista, de acordo com o Protocolo Brasileiro de Entrevista Forense com crianças e adolescentes vítimas ou testemunhas de violência 2020 (PBEF)[124], será apresentado um modelo semiestruturado que se ancora no modelo Cognitivista.

---

[124] PROTOCOLO Brasileiro de Entrevista Forense com Crianças e Adolescentes Vítimas ou Testemunhas de Violência 2020 (PBEF). Brasília, DF: Conselho Nacional do Ministério Público, 2020. 72 p.

Tabela 6. Estágio 1 do Protocolo de Entrevista Forense com crianças e adolescentes vítimas ou testemunhas de violência

Estágio 1	
CONSTRUÇÃO DO VÍNCULO	Possibilitar a apresentação do(a) entrevistador(a) e de seu papel; informar sobre a gravação da entrevista; propiciar um espaço para responder a perguntas ou preocupações e avaliar/aferir o nível de estresse.
CONSTRUÇÃO DA EMPATIA	Possibilitar que a criança ou o adolescente fique mais à vontade; diminuir a formalidade da situação e envolvê-la(o) em uma conversa sobre assuntos que sejam interessantes para ela(e).
REGRAS BÁSICAS/ DIRETRIZES	Definir as regras mínimas essenciais que orientarão a entrevista; aumentar a exatidão das informações, a confiabilidade das respostas, a disposição para pedir esclarecimentos e a resistência à sugestionabilidade; diminuir a inclinação para "chutar" e ensinar a criança ou adolescente a conhecer e a respeitar o processo de entrevista.
Diretriz: VERDADE E REALIDADE	"É muito importante você me dizer apenas coisas que realmente aconteceram com você." "Tudo bem para você conversar desse jeito hoje?"
Diretriz: CORRIJA-ME	"Você sabe mais do que eu sobre as coisas que nós vamos conversar hoje. É importante que eu entenda tudo o que você tem para me dizer." "Eu vou te ouvir atentamente, mas, se eu entender algo errado, por favor, me diga."
Diretriz: NÃO "CHUTE" OU NÃO "INVENTE"	"Se eu fizer uma pergunta e você não souber a resposta, não vale 'chutar', apenas diga 'Não sei'. É muito importante que você me diga apenas o que você sabe."

	**Estágio 1**
Diretriz: NÃO ENTENDO	"Se eu fizer uma pergunta e você não souber o que eu quero dizer, você pode dizer 'Eu não entendo o que você quer dizer' e eu vou perguntar novamente de maneira diferente."
PRÁTICA NARRATIVA	Estimular a narrativa livre da criança ou adolescente sobre determinadas temáticas; oferecer espaço para avaliar a competência da criança ou adolescente para fornecer informações exatas sobre acontecimentos e checar a sua disposição de contribuir e ser confiável; preparar o(a) entrevistador(a) para se adaptar às habilidades de cada criança ou adolescente e construir a base para a entrevista forense. Convidar a criança ou adolescente a contar o que sabe: "Me fale tudo sobre…"; Ouvir sem interrupção; Estimular uma descrição forense completa, isto é, que contenha elementos sobre o quê, quem, como, quando e onde o evento ocorreu. Informações e perguntas: Convites à narrativa:
DIÁLOGOS SOBRE A FAMÍLIA	Conhecer os membros da família com quem a criança ou adolescente interage; Obter o nome dos familiares; Utilizar um desenho simples se parecer adequado ao desenvolvimento da entrevista. "Me conte com quem você vive/mora." Manter o foco nos cuidadores principais.

Fonte: Conteúdo Adaptado Do Protocolo Brasileiro De Entrevista Forense Com Crianças E Adolescentes Vítimas Ou Testemunhas De Violência 2020 (Pbef).

Tabela 7. Estágio 2 do Protocolo de Entrevista Forense com crianças e adolescentes vítimas ou testemunhas de violência

Estágio 2	
PARTE SUBSTANTIVA	Assegurar a narrativa total e abrangente do incidente denunciado.
TRANSIÇÃO PARA AS ALEGAÇÕES	Preparar a criança ou o adolescente para fazer espontaneamente a transição para a revelação ou "deixar a porta aberta".
	Adaptar-se ao estilo linguístico da criança ou adolescente;
	Focalizar a conversa em assuntos específicos;
	Restringir o uso de perguntas fechadas;
	Usar pausas de cinco a dez segundos antes de iniciar outros questionamentos;
	Oferecer apoio emocional não indutivo: "O que eu posso fazer para ajudar a nossa conversa hoje?"
DESCRIÇÃO NARRATIVA	Promover o relato livre da criança a respeito da situação da suposta violência sem interrupção;
	Usar facilitadores ("Uhum", "OK", "Entendi" e paráfrases não indutivas);
	Evitar ir rapidamente às perguntas de detalhamento (quem, onde e quando) se apropriado ao nível de desenvolvimento.

	Estágio 2
SEGUIMENTO E DETALHAMENTO	Complementar e detalhar a narrativa da criança ou adolescente, preenchendo eventuais lacunas importantes para a caracterização da violência denunciada. Usar detalhamentos (o quê, quem, onde, quando e como), se apropriado ao nível de desenvolvimento, sobre aspectos relacionados à alegação; "Eu realmente quero entender. Antes, você falou sobre... Me fale tudo sobre..." "Você me falou [elemento da descrição narrativa, relacionado à revelação]... Me fale mais sobre isso."
SEGUIMENTO E INTERAÇÃO COM A SALA DE AUDIÊNCIA OU SALA DE OBSERVAÇÃO	Garantir a interação entre o(a) entrevistador(a) e os(as) demais profissionais interessados(as) nas narrativas de crianças ou adolescentes em situação de violação de direitos. Obter as perguntas do Ministério Público, defesa e juiz(a) em blocos; Sinalizar a abertura para perguntas; Transformar questionamentos fechados em abertos pela retomada do contexto: "Você me contou sobre [tópico previamente dito sobre a pergunta da sala de audiência]. Me explique direitinho como isso aconteceu."

Fonte: Conteúdo Adaptado Do Protocolo Brasileiro De Entrevista Forense Com Crianças E Adolescentes Vítimas Ou Testemunhas De Violência 2020 (Pbef).

> **Para saber mais**
> Se você tem curiosidade em saber qual o status da Lei nº 13.431/2017 na sua cidade, entre em contato com o Conselho Municipal de Direitos das Crianças e Adolescentes ou com o Ministério Público.

4.3 Análise do Filme: "Doze Homens e Uma Sentença"

"Doze Homens e uma Sentença" é uma obra cinematográfica que apresenta de maneira intensa e realista o processo de deliberação de um júri em um julgamento criminal. A trama retrata o julgamento de um jovem acusado de assassinar o próprio pai, demonstrando a forma como os membros do júri deliberam sobre sua decisão.

Sob a perspectiva do testemunho, o filme traz à tona questões importantes sobre a credibilidade e a confiabilidade das testemunhas. Durante o julgamento, diversas testemunhas são ouvidas, incluindo um vizinho que afirma ter ouvido o acusado ameaçando o pai, um cobrador de impostos que identificou a arma do crime e um idoso que alega ter visto o assassinato pela janela de seu apartamento.

No entanto, a análise cuidadosa dos depoimentos dessas testemunhas revela inconsistências e dúvidas sobre a veracidade de seus relatos. Isso é evidenciado na cena em que o membro do júri, interpretado por Jack Lemmon, analisa o depoimento do vizinho e identifica diversas contradições em seu relato.

Nesse sentido, o filme reforça a importância da avaliação cuidadosa e crítica dos depoimentos das testemunhas em um processo que deve considerar não apenas as palavras, mas também as circunstâncias, a personalidade e a motivação do depoente. Esse processo é fundamental para garantir a justiça e a verdade nos julgamentos criminais, evitando condenações injustas e preservando os direitos e a dignidade das pessoas envolvidas.

A análise da obra cinematográfica, sob a perspectiva do testemunho, pode ser fundamentada em teorias da Psicologia Jurídica, como a Teoria da Credibilidade do Testemunho, desenvolvida por Elizabeth Loftus e John Palmer em 1974. Segundo essa teoria, a credibilidade do testemunho é influenciada por diversos fatores, como a qualidade da percepção, a capacidade de memória, a motivação, o estado emocional e a pressão social. A análise cuidadosa desses fatores pode ajudar a identificar possíveis inconsistências e erros no depoimento, permitindo que a deliberação judicial seja mais justa e precisa (Loftus & Palmer, 1974)[125].

---

[125] LOFTUS, E.; PALMER, J. Reconstruction of automobile destruction: An example of the interaction between language and memory. *Journal of Verbal Learning and Verbal Behavior*, v. 13, n. 5, p. 585-589, 1974.

5.

CRIMINOLOGIA

Assim como todas as matérias discorridas até aqui, a Criminologia também é um campo multidisciplinar de estudo que se dedica a investigar as causas, a prevenção e o controle do crime. Desenvolvida a partir da década de 1950, influenciada pela criminologia italiana e pelos estudos sociológicos críticos (Costa & Pontes, 2016)[126].

No contexto brasileiro, seu estudo é relativamente recente, tendo sido iniciado na década de 1950 por Nelson Hungria e por outros juristas brasileiros. Aqui a criminologia se ocupa do estudo do crime e do sistema de justiça criminal, tendo como alguns dos principais temas de interesse a criminalidade urbana, a violência policial, a criminalização da pobreza, a vítima e a seletividade do sistema de justiça criminal (Carvalho, 2010)[127].

Desde então, a criminologia no Brasil tem passado por diversas transformações e tem sido influenciada por diferentes correntes teóricas e práticas. A partir da década de 1980, houve um aumento do interesse pela criminologia crítica e pelo estudo das relações entre crime, violência e exclusão social, mas um dos principais desafios que se apresentam é lidar com a violência e a criminalidade que afetam as diferentes camadas da sociedade. Os criminologistas brasileiros têm se dedicado a analisar os fatores que contribuem para o aumento da criminalidade, como a pobreza, a desigualdade social, a

---

[126] COSTA, M. J. F. da; PONTES, A. R. S. *Criminologia: Introdução e Fundamentos*. São Paulo: Saraiva, 2016.
[127] CARVALHO, S. *Direito Penal do Inimigo e o Terrorismo no Brasil*. Rio de Janeiro: Lumen Juris, 2010.

exclusão e a falta de oportunidades (Beato Filho, Cano & Duarte, 2008)[128].

Outro tema importante da criminologia brasileira é o sistema de justiça criminal, suas falhas e limitações. Há uma preocupação crescente com a seletividade do sistema penal, que tende a punir mais severamente os mais pobres e vulneráveis (Nunes, 2017)[129]. Para compreender esse fenômeno, os estudiosos têm buscado se aproximar de outras disciplinas, como a Sociologia, a Antropologia, a Psicologia e o Direito.

Entretanto, além da dificuldade inerente a um campo de estudo tão complexo, outros desafios se apresentam no cenário nacional, como a falta de investimento em pesquisa e formação de profissionais, pois, apesar de existirem alguns programas de pós-graduação em criminologia no país, eles são ainda relativamente poucos e enfrentam dificuldades para se consolidar (Dias, 2019)[130].

Apesar disso, há iniciativas interessantes na área da criminologia no Brasil, como o Núcleo de Estudos da Violência da Universidade de São Paulo e o Laboratório de Estudos da Violência da Universidade Federal do Rio de Janeiro. Esses e alguns outros poucos grupos de pesquisa têm contribuído para o desenvolvimento da criminologia no país e para a formação de novos pesquisadores e profissionais.

Crime e justiça são temas complexos e polêmicos desde a origem da sociedade humana. A obra *Vigiar e Punir*, de Michel Foucault (2014)[131], discute a relação entre crime, justiça e poder em uma sociedade disciplinar. Foucault argumenta que o sistema de justiça criminal, em vez de apenas punir os indivíduos que cometem crimes,

---

[128] BEATO FILHO, Cláudio; CANO, Ignácio; DUARTE, Luciana. Criminologia crítica e crítica do direito penal: introdução a uma nova cultura no estudo do crime. *Revista Brasileira de Ciências Criminais*, n. 72, 2008.

[129] NUNES, João Batista. Criminologia e segurança pública: uma relação conflituosa. *Revista Brasileira de Ciências Criminais*, n. 126, 2017.

[130] DIAS, Camila Nunes. Criminologia no Brasil: breve histórico e perspectivas. In: DIAS, Camila Nunes; PEREIRA, Marcelo de Almeida; TELLES, Vera da Silva (orgs.). *Criminologia: panorama nacional contemporâneo*. Rio de Janeiro: Lumen Juris, 2019.

[131] FOUCAULT, M. *Vigiar e Punir: Nascimento da Prisão*. 42. ed. Petrópolis: Vozes, 2014.

exerce um poder de controle e disciplina sobre toda a sociedade. Ele descreve o surgimento das prisões, como um exemplo de como o Estado moderno exerce um poder disciplinar sobre a população, ao transformar o castigo corporal em um sistema mais eficiente e mais abrangente de controle social.

O sistema de justiça criminal é apenas um dos mecanismos de controle social que opera em uma sociedade disciplinar, acredita Foucault. Além disso, as práticas de vigilância e controle se estendem a todos os aspectos da vida social, como a escola, o hospital, a fábrica e até mesmo a própria casa do indivíduo.

Assim, a relação entre crime e justiça na obra de Foucault é entendida como parte de um sistema mais amplo de controle social, em que o poder disciplinar é exercido sobre a população por meio de instituições e práticas que moldam comportamentos e subjetividades. A justiça criminal, nesse sentido, é apenas um elemento de um sistema mais amplo de controle social denominado "sociedade disciplinar".

> **Para saber mais**
> Caso você tenha se interessado pelo tema criminologia, é imprescindível que leia a obra de Foucault, *Vigiar e Punir*, que é considerada uma obra fundamental para entender as relações entre poder, controle e punição na sociedade contemporânea. A divisão do texto se apresenta em quatro partes, sendo: (1) "Suplício", que aborda as formas brutais de punição que existiram em épocas anteriores; (2) "Punição", que discute a evolução do sistema penal; (3) "Disciplina", que explora as práticas disciplinares que foram adotadas para controlar indivíduos na sociedade; e (4) "Prisão", que discute a criação da prisão moderna.

5.1 Vitimologia

Como visto, um dos campos de compreensão da criminologia é a vitimologia, ou seja, o estudo científico da vítima, suas características, experiências e necessidades. Seu objeto de estudo inclui a análise dos efeitos físicos, psicológicos e sociais do crime ou de outros eventos traumáticos sobre a vítima, bem como a investigação das causas e das circunstâncias que levaram à vitimização (Morais, 2016)[132].

A vitimologia também se preocupa com as políticas e práticas de justiça criminal, incluindo a prevenção do crime e a proteção das vítimas. Além disso, procura entender a relação entre a vítima e o agressor, bem como o impacto da vitimização na sociedade como um todo.

Não é pacífica a definição de quem foi o criador da vitimologia, mas é inegável a importância do advogado israelense Benjamin Mendelson, como um dos pioneiros deste campo de análise. Ele defendeu ser preciso compreender o papel da vítima no evento criminoso, ou seja, saber sua responsabilidade sobre aquele a fim de identificar formas de prevenir a vitimização e mitigar os danos decorrentes dela.

Isso pode soar estranho a você, pois talvez pareça que ele buscasse responsabilizar a vítima pelo ocorrido, mas sua intenção era exatamente oposta, uma vez que buscou dar voz e empoderamento às vítimas, permitindo que elas fossem reconhecidas como sujeitos legítimos do processo criminal e que tivessem seus direitos assegurados (Alves, 1987)[133].

Ao examinar os motivos que levam uma pessoa a se tornar vítima, Mendelsohn (1956)[134] buscou compreender a relação entre os indivíduos envolvidos no crime (vítima e agressor), entendendo que, se um deles for mais culpado, então, o outro é menos culpado. Para isso, elaborou uma classificação que categoriza as vítimas de crimes de acordo com sua relação com o criminoso, sendo:

Vítima: qualquer indivíduo ou entidade, seja física ou jurídica, podendo ser considerado uma vítima se sofrer algum tipo de dano,

---

[132] MORAIS, M. E. L. Aspectos da Vitimologia. In: *Curso de extensão em vitimologia*. Recife: Universidade Federal de Pernambuco, 2016.
[133] ALVES, R. de B. *A Vitimologia*. RT 616/415-16. São Paulo. Editora Revista dos Tribunais, 1987.
[134] MENDELSOHN, M. Classificação vitimária. *Revista Brasileira de Criminologia e Direito Penal*, 4(14), 15-32, 1956.

ofensa ou prejuízo decorrente de um crime. Esses danos podem ser variados, como lesões corporais, psicológicas ou financeiras.

A vítima pode ser direta ou indireta, sendo a vítima direta a pessoa física ou jurídica que sofreu diretamente o dano ou prejuízo decorrente de um crime. Por exemplo, se alguém é assaltado e sofre um ferimento físico, essa pessoa é considerada a vítima direta do crime. Por outro lado, a vítima indireta é uma pessoa que sofre consequências decorrentes do crime, mas não é a vítima direta do ato. Por exemplo, se um pai perde seu filho em um homicídio, ele é considerado uma vítima indireta, pois não foi diretamente afetado pelo crime, mas sofreu uma perda emocional significativa como resultado dele. Outro exemplo seria uma empresa que sofre uma perda financeira devido a um crime de fraude cometido por um de seus funcionários. Neste caso, a empresa é considerada uma vítima indireta do crime.

Vítima ideal ou totalmente inocente: é aquela que é completamente inocente e não tem nenhuma responsabilidade na ocorrência do crime, como acontece no caso de infanticídio e de pessoas com mediana prudência.

Vítima por ignorância: é a vítima que é menos culpada do que o infrator, por ter agido com ignorância ou imprudência, como, por exemplo, andar com a bolsa aberta em um local perigoso.

Vítima tão culpada quanto o delinquente: é conhecida como vítima voluntária, pois é aquela que contribui para o resultado do crime, como acontece em situações de rixa, eutanásia, duplo suicídio, aborto consentido e em alguns casos de estelionato, quando a vítima tenta tirar proveito de uma suposta situação vantajosa que lhe foi apresentada.

Vítima mais culpada que o delinquente: é aquela que, de alguma forma, provoca o crime que sofre, como ocorre em casos de homicídio privilegiado após uma injusta provocação.

Vítima como única culpada: é a pessoa que se coloca em situações de alto risco, como é o caso do suicida, por exemplo.

No Brasil, a vitimologia tem ganhado espaço nas últimas décadas, especialmente após a promulgação da Lei nº 11.340/2006, conhecida como Lei Maria da Penha (Brasil, 2006)[135], que desnudou a violência contra a mulher como um problema social grave e que demanda medidas de prevenção e de proteção à vítima. Diversos estudos e pesquisas têm sido realizados sobre a vitimização no Brasil, especialmente no que diz respeito à violência doméstica e à violência urbana.

A violência é um fenômeno complexo e multifacetado que tem sido objeto de estudo de diversas disciplinas, incluindo a Psicologia Social. Uma das teorias que tem sido utilizada para explicar a violência é a teoria da crença no mundo justo, que será apresentada a você.

5.2 Teoria da Crença no Mundo Justo

Você acha que a vida é justa?

Imagine que ao sair do trabalho, você passa por um semáforo e se depara com um homem e uma mulher, ambos jovens e fortes, nitidamente drogados e pedindo esmola. Ao vê-los, você nota que a idade deles parece ser compatível com a sua e, a partir disso, faz a seguinte reflexão: são fortes e jovens como eu, poderiam estar trabalhando em vez de terem escolhido esta vida de pedinte, só não trabalham porque não querem.

Esse é um exemplo clássico de uma teoria psicossocial proposta por Melvin J. Lerner[136], que sugere a necessidade das pessoas de acreditarem que o mundo é um lugar justo e que as coisas acontecem por uma razão.

Durante sua vida profissional, o professor norte-americano presenciou inúmeros episódios de profissionais da saúde culpando doentes mentais por sua condição. Isso chamou sua atenção, pois era incompreensível que pessoas capacitadas para atuar na área de saúde mental atribuíssem aos pacientes suas próprias mazelas.

Outro fato que contribuiu para que ele lançasse luz sobre esse tema foi o comportamento de seus alunos universitários que culpa-

---

[135] BRASIL. Lei nº 11.340, de 7 de agosto de 2006. Lei Maria da Penha. *Diário Oficial da União*, Brasília, DF, 8 ago. 2006.
[136] LERNER, M. J. *The belief in a just world: A fundamental delusion.* New York: Plenum Press, 1980.

vam pessoas pobres por sua condição social, desprezando totalmente o poder estrutural vigente na sociedade. Em um de seus experimentos sociais, Lerner *apud* Torres e Dell'Aglio (2013)[137] mostrou pessoas em condição de rua a jovens estudantes e perguntou a eles o que os diferenciava, uma vez que tinham idades próximas. As respostas que obteve foram todas no sentido de que foi uma escolha, ou seja, enquanto uns escolhem estudar e buscar uma vida sólida, outros optam pela facilidade e acabam descaminhados. Isso o fez entender que, diante de eventos negativos, as pessoas se defendem buscando explicações mágicas que preservem sua crença.

Essa teoria postula que as pessoas tendem a acreditar que o mundo é um lugar justo, onde as boas ações são recompensadas e as más ações são punidas. Contudo, isso não passa de uma ilusão de invulnerabilidade do sujeito que, diante da vulnerabilidade da existência, busca se ancorar na ideia de que coisas ruins acontecem com pessoas cujo comportamento é um convite para tal (Ribeiro & Lopes, 2013)[138]. Assim, surgem ideias falaciosas como: "cada um colhe o que planta"; "não há vítima inocente", e assim por diante.

Nesse sentido, a teoria da crença no mundo justo torna explícito o mecanismo de revitimização ou vitimização secundária, pois se ancora na tese de que as vítimas são responsáveis por aquilo que lhes ocorre. Acompanhe a narrativa que segue:

Quando uma jovem sofre abuso sexual durante um baile de Carnaval (vitimização primária), consequentemente, sofrerá apontamentos da sociedade que busca justificar sua parcela de responsabilidade sobre o ocorrido (vitimização secundária). Note que, além de ter sido vítima de um crime, é revitimizada ao ser considerada culpada por estar naquele local, ou ainda, por usar determinado tipo de roupa.

Reflita quantas vezes você foi revitimizado por ter perdido um emprego, sofrido um acidente de carro ou sofrido algum golpe vir-

---

[137] TORRES, M. D., & DELL'AGLIO, D. D. Crença no mundo justo e satisfação com a vida em estudantes universitários. *Revista de Psicologia da IMED*, 5(2), 157-165, 2013.

[138] RIBEIRO, L. C., & LOPES, D. Crença no mundo justo, vitimização e avaliação da polícia. *Psicologia: Teoria e Pesquisa*, 29(2), 189-198, 2013.

tual. Certamente, após passar por isso, você ouviu que deveria ter prestado mais atenção, que teve responsabilidade no ocorrido, ainda que fosse inocente. Caso isso tenha acontecido, você foi vítima da crença de que o mundo é justo.

Mas por que isso ocorre? As pessoas sentem necessidade de minimizar o impacto da realidade sobre sua vida, assim, buscam ter algum controle se distanciando dos problemas que acometem outras pessoas. Caso contrário, se sentiriam tão suscetíveis e vulneráveis que passariam por um desgaste psíquico prejudicial à sua saúde mental. Assim, concomitantemente aos comportamentos de ajuda, surge um sentimento de insegurança pessoal em relação à sua própria existência. Parece paradoxal, mas é uma maneira de se distanciar dos potenciais riscos aos quais todos estão expostos.

A vitimização secundária pode acontecer das seguintes formas (Lerner *apud* Pilati & Dalbert, 2009):[139]

a) Minimização do sofrimento da vítima
Consiste em diminuir a experiência do outro, na tentativa de mostrar que não há motivo para sofrer tanto. Considere uma pessoa que foi atropelada e teve um braço amputado. Ao mencionar sua dificuldade em razão da perda de um membro, ela escuta que deveria ser grata por ter sobrevivido.

b) Evitação da vítima
Sempre que se evita o contato com vítimas de doenças graves ou tragédias, por exemplo, revitimiza-se essas pessoas, pois elas entendem que o motivo da exclusão ou do distanciamento é a doença, por exemplo.

c) Desvalorização da vítima
Alguma característica física ou comportamental da pessoa, que faz com que ela seja desqualificada. Um exemplo disso ocorreu quando uma criança pedinte foi espancada por um funcionário de uma rede de restaurantes por pedir esmola para os clientes. A única testemunha ocular foi um morador de rua, mas, por causa da sua condição, seu relato não foi le-

---

[139] PILATI, R., & DALBERT, C. Crença no mundo justo e avaliação de políticas de ação afirmativa. *Psicologia: Teoria e Pesquisa*, 25(1), 105-114, 2009.

vado em consideração, uma vez que entenderam ser desqualificado para falar a verdade.

d) Culpabilização da vítima

Consiste em atribuir à vítima a culpa pelo evento, como nos relatos que seguem.

Relato 1 – Foi por volta das 23h de um domingo que o jovem G. foi assaltado e morto. Ela chegava à casa, à pé, após ter ido comprar cigarro no posto de gasolina próximo de sua residência. As câmeras de um condomínio próximo mostram a impiedosidade dos assaltantes que chegaram em uma moto, apontaram a arma e, diante da tentativa de guardar o celular no bolso, o jovem foi alvejado. Sem levarem o celular, os assaltantes fugiram. No dia seguinte ao crime, os jornais noticiaram extensivamente o crime, que ganhou visibilidade nacional. Pouco tempo depois, as pessoas comentavam que ele deveria ter entregado o celular, assim, não teria morrido. Outros apontaram que, se não fumasse, não teria ido ao posto e consequentemente estaria vivo.

Relato 2 – Certa vez, foi noticiado o estupro coletivo sofrido por uma jovem no Rio de Janeiro. De acordo com a mídia, a garota soube que havia sido estuprada após vídeos vazarem nas redes sociais, pois, até então, sabia que havia sido dopada na casa de um ex-namorado. Quando o caso veio à tona, muitas pessoas questionaram a índole da garota pelo fato de ter se dirigido à casa de um ex-namorado, usando roupas curtas, inclusive, apontando seu interesse em despertar o desejo do rapaz.

Possivelmente, você se identificou com algum dos papéis expostos nos relatos acima, seja enquanto vítima ou enquanto julgador. Talvez faça sentido refletir sobre sua compreensão do mundo, após tomar conhecimento da teoria da crença no mundo justo, pois agir com base nela pode impactar diretamente na vida de muitas pessoas.

🧠 **Vamos refletir!**
TEXTO 1
"O cara que divulgou as fotos está errado, mas ninguém manda tirar foto pelada!" – a falácia do mundo justo e a culpabilização das vítimas. (Adaptado)

Ana Carolina Prado

"É claro que o cara que estuprou é o culpado, mas as mulheres também ficam andando na rua de saia curta e em hora errada!". "O hacker que roubou as fotos dessas celebridades nuas está errado, mas ninguém mandou tirar as fotos!". "Se você trabalhar duro vai ser bem-sucedido, não importa quem você seja. Quem morreu pobre é porque não se esforçou o bastante." Você sabe o que essas afirmações têm em comum?

Há algum tempo falei aqui sobre como os humanos têm diversas formas de se enganar em relação à ideia que têm de si mesmos, quase sempre para proteger sua autoestima ou para saciar sua vontade de estar sempre certos. Mas nosso cérebro não nos engana só em relação a como vemos a nós mesmos: temos também a tendência de nos iludir em relação aos outros e à vida em geral. E as frases acima exemplificam uma maneira como isso pode acontecer: por meio da falácia do mundo justo. Por exemplo, embora os estupros raramente tenham qualquer coisa a ver com o comportamento ou vestimenta da vítima e sejam normalmente cometidos por um conhecido e não por um estranho numa rua deserta, a maioria das campanhas de conscientização são voltadas para as mulheres, não para os homens – e trazem a absurda mensagem de "não faça algo que poderia levá-la a ser violentada".

Muitos estudos revelam outras formas de culpabilização da vítima. Em 1966, os pesquisadores Melvin Lerner e Carolyn Simmons pediram a 72 mulheres para assistir a uma atriz resolvendo problemas e recebendo choques elétricos (que eram de mentirinha, mas elas não sabiam) quando errava. Ao final do experimento, as mulheres tiveram de descrever a atriz – e muitas a desvalorizaram, criticando seu caráter e aparência e dizendo que ela havia merecido os choques.

[...] De lá para cá, muitas pesquisas foram feitas e obtiveram resultados semelhantes. Em um estudo sobre *bullying* feito em 2010, na Universidade Linköping, na Suécia, 42% dos adolescentes culparam a vítima por ser "um alvo fácil". Para os pesquisadores, esses julgamentos estão relacionados à noção – amplamente difundida na ficção – de que coisas boas acontecem a quem é bom e coisas más acontecem a quem merece. A tendência a acreditar que o mundo é assim é chamada, na Psicologia, de falácia do mundo justo.

E dá para entender por que somos levados a pensar assim: viver em um mundo injusto e imprevisível é meio assustador e queremos nos sentir seguros e no controle. O problema é que crer cegamente nisso leva a ainda mais injustiças, como o julgamento de que pessoas pobres ou viciadas em drogas são vagabundas e têm mais é que se ferrar, que mulher de roupa curta merece ser maltratada ou que programas sociais são um desperdício de dinheiro e uma muleta para preguiçosos.

[...] O problema é que, nesse caso, a falácia do mundo justo desconsidera os inúmeros outros fatores que influenciam quão bem-sucedida a pessoa vai ser, como o local onde ela nasceu, a situação socioeconômica da sua família, os estímulos e situações pelas quais passou ao longo da vida e o acaso.

[...] Em casos de abusos contra outras pessoas, como *bullying* ou estupro, a injustiça é ainda maior, pois eles nunca são justificados – e aí a falácia do mundo justo se mostra ainda mais perversa. Portanto, toda vez que você se sentir movido a dizer coisas como "O estuprador é quem está errado, é claro, mas...", pare por aí. O que vem depois do "mas" é quase sempre fruto de uma tendência a ver o mundo de uma forma distorcida só para ele parecer menos injusto.

Questões
1. Segundo a Teoria da Crença no Mundo Justo, por qual motivo a vítima tende a ser culpada de um crime de estupro, por exemplo?
2. Tomando como ponto de partida o texto, explique por que a autora afirma que quase sempre o que vem após o "mas" é consequência de uma visão equivocada e injusta.
3. Após fortes chuvas de verão, casas construídas de forma irregular na região serrana do Rio de Janeiro desabaram e três pessoas morreram soterradas. De acordo com o secretário de urbanismo da cidade, as leis de ordenamento do solo foram desrespeitadas pelos moradores, assim, eles foram responsáveis pela tragédia. Elabore ao menos dois argumentos que refutem a culpa dos moradores ou justifiquem sua decisão por construir em área de risco.

6.

A PSICOLOGIA JURÍDICA NA ESFERA DA FAMÍLIA, CRIANÇA E ADOLESCENTE

A Psicologia Jurídica tem como objetivo investigar, avaliar e oferecer subsídios que contribuam para a promoção da justiça, priorizando a proteção dos direitos humanos. Na esfera da família, criança e adolescente, a atuação dos psicólogos jurídicos se torna especialmente relevante, uma vez que essa área envolve questões delicadas e complexas, como disputas de guarda, adoção, violência doméstica, abuso sexual, entre outras. Diante dessas situações, é comum que os profissionais do sistema de justiça, como juízes e advogados, recorram à expertise de psicólogos jurídicos para auxiliar na tomada de decisões que envolvem o bem-estar e a proteção de crianças e adolescentes.

6.1 Violência Doméstica

A violência doméstica é um problema de saúde pública mundial que afeta principalmente mulheres e crianças. Segundo a Organização Mundial da Saúde (OMS), cerca de uma em cada três mulheres em todo o mundo já sofreu violência física e/ou sexual por parte de um parceiro íntimo ou sofreu assédio sexual.

Segundo a Associação Brasileira de Psiquiatria (ABP, 2007, p. 3)[140], a violência doméstica pode ser definida como um "comportamento agressivo, exercido de forma repetida e contínua, com a finalidade de manter o poder e o controle sobre a vítima", podendo afetar tanto mulheres quanto homens, independentemente de sua idade, etnia, orientação sexual, religião ou classe social.

No Brasil, de acordo com o Anuário Brasileiro de Segurança Pública (2021)[141], no primeiro semestre de 2021, foram registradas mais de 105 mil denúncias de violência contra a mulher. Além disso, no ano de 2020 foram registrados 105.821 casos de violência doméstica no país, o que representa um aumento de 3,8% em relação ao ano anterior.

No ano de 2006, instituiu-se a Lei Maria da Penha, que foi uma importante ferramenta para coibir a violência contra as mulheres (Silva & Oliveira, 2012)[142]. De acordo com a referida Lei:

> Violência doméstica é qualquer ação ou omissão que cause morte, lesão, sofrimento físico, sexual ou psicológico à mulher, dentro de seu ambiente familiar, ou em qualquer relação íntima de afeto, na qual o agressor conviva ou tenha convivido com a vítima.

A Lei é considerada um avanço na proteção das mulheres contra a violência doméstica no Brasil, pois originou medidas protetivas de urgência que visam garantir a integridade física e psicológica da mulher em situação de violência doméstica, tais como: o afastamento do agressor do lar, a proibição de contato com a vítima e o monitoramento por tornozeleira eletrônica; maior rigor na punição

---

[140] ASSOCIAÇÃO BRASILEIRA DE PSIQUIATRIA. *Manual de orientação sobre violência doméstica*. São Paulo: ABP, 2007.

[141] FÓRUM BRASILEIRO DE SEGURANÇA PÚBLICA. *Anuário Brasileiro de Segurança Pública*. 2021. Disponível em: https://forumseguranca.org.br/wp-content/uploads/2021/09/anuario21_14set21_site.pdf. Acesso em: 06 abr. 2023.

[142] SILVA, Alessandra Aparecida Carvalho da; OLIVEIRA, Marília de Fátima Vieira de. *Violência Doméstica contra a Mulher: uma revisão bibliográfica*. Ciência & Saúde Coletiva, Rio de Janeiro, v. 17, n. 3, p. 555-566, 2012.

aos agressores; previsão da possibilidade de prisão em flagrante, sem direito à fiança, em caso de descumprimento das medidas protetivas de urgência; criação de serviços especializados de atendimento às mulheres em situação de violência doméstica, tais como casas-abrigo, centros de referência e delegacias especializadas.

Mas, de todos os avanços, o mais importante foi a sensibilização da sociedade em relação à gravidade da violência doméstica, além da compreensão de que violência não se restringe à agressão física, mas sexual, psicológica, patrimonial e moral.

Outro aspecto esclarecido pela Lei é o sujeito da violência doméstica que não diz respeito, somente, a marido e mulher, podendo ser quaisquer familiares, incluindo pais, filhos, irmãos, avós, netos, tios, sobrinhos, primos, além de relações conjugais.

Esse tipo de violência pode gerar impactos significativos na sociedade como um todo, elevando custos financeiros relativos a serviços de saúde, assistência social, justiça e segurança pública. É comum que afete, também, o desenvolvimento social e emocional das crianças que crescem em ambientes violentos, contribuindo para a perpetuação do ciclo da violência. Reside aí a urgência da adoção de políticas públicas para prevenir e combater a violência doméstica em todas as suas formas.

Não se pode pensar em políticas públicas voltadas à violência doméstica sem que antes se compreenda as dinâmicas de poder e controle presentes nas relações abusivas, as causas subjacentes à violência, as características das vítimas e dos agressores, bem como as consequências para a saúde e o bem-estar das pessoas envolvidas. Um dos mais importantes estudos nacionais sobre o tema tem um título provocativo "Da sexta vez não passa" (Moreira & Prieto, 2010)[143].

O estudo aborda a violência cíclica na relação conjugal, que é caracterizada por um ciclo de violência que se repete ao longo do tempo. Esse ciclo é composto por três fases distintas: a fase da tensão, a fase da agressão e a fase da lua de mel.

Na fase da tensão, a vítima percebe que o agressor está mais tenso e irritado, e que qualquer situação pode desencadear uma explosão

---

[143] MOREIRA, MMN; PRIETO, D. "Da sexta vez não passa": violência cíclica na relação conjugal. *Psicologia IESB*, Brasília, v. 2, n. 2, p. 67-76, 2010.

de violência. Nessa fase, a vítima tenta se ajustar ao comportamento do agressor, evitando confrontos e tentando manter a calma.

Na fase da agressão, o agressor explode e parte para a violência física ou verbal. Nela, a vítima pode ser humilhada, xingada, ameaçada ou agredida fisicamente.

Na fase da lua de mel, o agressor mostra-se arrependido e faz promessas de que nunca mais irá agredir a vítima. Aqui, o agressor pode ser carinhoso e atencioso, tentando reconquistar a vítima e apagar os traumas da fase anterior.

Essa violência cíclica pode se repetir diversas vezes ao longo da relação, tornando-se cada vez mais intensa e destrutiva. Por isso, é importante que as vítimas busquem ajuda e denunciem a violência, a fim de interromper esse ciclo e proteger-se de futuras agressões. A denúncia é um passo fundamental para romper o ciclo da violência e buscar ajuda e proteção para as vítimas. Além disso, a denúncia contribui para a responsabilização dos agressores e para o fortalecimento das políticas públicas de combate à violência contra as mulheres.

O Disque 180 é um importante canal de atendimento para denúncias de violência contra mulheres no Brasil. A ligação é gratuita e é possível reportar casos de agressão física, psicológica, sexual, patrimonial e moral, além de solicitar orientações sobre como proceder em situações de violência doméstica. Ao divulgar este canal, você pode ajudar muitas vítimas.

Você sabia ??

Maria da Penha Maia Fernandes foi motivada a buscar justiça após sofrer duas tentativas de homicídio por parte de seu então marido. Em 1983, ela foi baleada enquanto dormia e ficou paraplégica. Após ser levada ao hospital, o agressor simulou um assalto para justificar o crime. Cerca de um mês depois, enquanto ainda se recuperava no hospital, ele tentou eletrocutá-la no chuveiro.

Após os crimes, Maria da Penha iniciou uma longa batalha judicial para que o agressor fosse punido. O processo durou mais de 19 anos e chegou à Comissão Interamericana de Direitos Humanos da OEA (Organização dos Estados Americanos).

> Em 2001, a OEA condenou o Estado Brasileiro pela falta de investigação e punição do agressor, além da falta de atendimento adequado à vítima. A pressão internacional levou à criação da Lei Maria da Penha em 2006, que estabeleceu medidas mais rigorosas para combater a violência doméstica e familiar contra as mulheres no Brasil.

6.2 O Divórcio

O divórcio é um processo legal pelo qual um casamento é dissolvido e os cônjuges são liberados de seus vínculos matrimoniais. Sob a perspectiva social, o divórcio tem sido cada vez mais aceito e visto como uma solução para casamentos infelizes ou insustentáveis. De acordo com o Colégio Notarial do Brasil (CNB)[144], no ano de 2022 foram registrados 68,7 mil divórcios no país.

Já sob a perspectiva psicológica, de acordo com Santos e Pimenta (2022)[145], o divórcio pode ser um evento estressante e traumático para todos os membros da família, incluindo cônjuges e filhos. O impacto emocional nos membros da família vai depender da qualidade do relacionamento conjugal antes do divórcio, o tempo de convivência conjugal, a idade e o gênero das crianças, bem como a capacidade dos pais de cooperar na criação dos filhos após a separação. Rocha e cols. (2022)[146] apontam que o divórcio pode levar a uma redução na autoestima e autoeficácia dos filhos, além de aumentar o risco de problemas comportamentais, como delinquência e abuso de substâncias.

---

[144] Disponível em: https://www.conjur.com.br/2022-dez-29/numero-divorcios-brasil-queda-10-2022

[145] SANTOS, A. L.; PIMENTA, M. S. Impactos do divórcio na saúde mental da família: uma revisão sistemática. *Revista de Psicologia*, v. 13, n. 1, p. 67-84, 2022. https://doi.org/10.22350/1678-897X.2022.v13n1p67-84.

[146] ROCHA, M. C. G. et al. Divórcio e saúde mental infantil: Revisão sistemática. *Psicologia: Teoria e Prática*, v. 24, n. 3, p. 96-112, 2022. https://doi.org/10.5935/1980-6906/psicologia.v24n3p96-112

A separação do casal pode, ainda, afetar negativamente a saúde mental dos membros da família a curto e longo prazo. No curto prazo, o divórcio pode levar a sentimento de tristeza, raiva, frustração, ansiedade e depressão. No longo prazo, o divórcio pode levar a problemas de saúde mental, como transtornos de ansiedade, depressão, síndrome de alienação parental, entre outros.

6.3 A Alienação Parental

O divórcio não é condição para que o fenômeno da alienação parental aconteça, mas é uma variável importante. A alienação parental é um tema complexo que envolve questões psicológicas, legais e sociais. Trata-se de um processo no qual um dos genitores, geralmente o guardião ou responsável pela criança, procura alienar ou afastar o filho do outro genitor, muitas vezes, com o objetivo de prejudicar a relação entre a criança e o parente alienado. Considerada uma forma de violência psicológica contra a criança ou adolescente, a alienação parental pode desencadear consequências graves para a saúde mental e emocional de todos os envolvidos, impactando, especialmente, o desenvolvimento das crianças.

Para entender a prática da alienação parental sob a perspectiva da Psicologia, é importante começar com a definição do conceito. Um dos principais referenciais sobre alienação parental é o trabalho de Richard A. Gardner, um psiquiatra infantil que cunhou o termo e desenvolveu uma teoria abrangente sobre o assunto. Em seu livro *The Parental Alienation Syndrome: A Guide for Mental Health and Legal Professionals* (1992)[147], Gardner descreveu o fenômeno da alienação parental como um conjunto de comportamentos que incluem difamação do genitor alienado, envolvimento da criança em conflitos parentais e a rejeição infundada de um dos pais pela criança.

A prática da alienação parental pode ter sérios impactos psicológicos nas vítimas, que podem desenvolver sentimento de culpa, ansiedade, depressão e, até mesmo, transtorno de estresse pós-trau-

---

[147] GARDNER, Richard A. *The Parental Alienation Syndrome: A Guide for Mental Health and Legal Professionals*. 1992.

mático. Além disso, essas crianças podem ter dificuldades em estabelecer relacionamentos saudáveis no futuro devido à ruptura precoce do vínculo com um dos pais.

É importante ressaltar que a identificação e a prevenção da alienação parental exigem uma abordagem multidisciplinar, envolvendo profissionais como psicólogos, assistentes sociais, advogados e juízes. É fundamental que esses profissionais estejam capacitados e sejam sensíveis às complexidades psicológicas envolvidas.

Dias (2021) indica a existência de alguns desafios impostos pela alienação parental, como a falta de profissionais especializados no tema, capacitados para avaliar os sintomas e compreenderem o fenômeno; as dificuldades na aplicação de medidas judiciais que coíbam o ato e a visão estereotipada de que a alienação acontece somente contra as mães, o que pode levar a uma subnotificação dos casos de alienação parental contra pais.

6.4 Os Direitos Fundamentais da Criança e do Adolescente

A proteção dos direitos das crianças e dos adolescentes é uma preocupação mundial e, por esse motivo, foram criados diversos documentos para garantir a sua defesa e promoção. Dentre eles, destacam-se:

   a) Convenção sobre os Direitos da Criança (1989)[148]: trata-se de documento internacional adotado pela Assembleia Geral das Nações Unidas em 20 de novembro de 1989. É o tratado de direitos humanos mais amplamente ratificado da história e estabelece o direito à vida, à saúde, à educação, à não discriminação, à liberdade de expressão e pensamento, à proteção contra a violência, à privacidade, e uma série de outros direitos fundamentais a todas as crianças, independentemente de sua raça, religião ou origem social. No Brasil, a Convenção sobre os Direitos da Criança foi

---

[148] ASSEMBLEIA GERAL DAS NAÇÕES UNIDAS. *Convenção sobre os Direitos da Criança*. Nova Iorque: ONU, 1989.

promulgada pelo Decreto nº 99.710/ 1990 (Brasil, 1990)[149], e é considerada uma norma de hierarquia constitucional.

b) Declaração Universal dos Direitos Humanos (ONU, 1948)[150]: documento histórico adotado pela Assembleia Geral das Nações Unidas em 10 de dezembro de 1948, estabelece um conjunto de direitos fundamentais para todas as pessoas, independentemente de sua nacionalidade, raça, gênero, religião ou outra condição. Dentre eles, o direito à vida, à liberdade, à igualdade perante a lei, à não discriminação, à liberdade de pensamento e expressão, à privacidade, à educação, à saúde, entre outros. É considerada uma norma de hierarquia constitucional no país.

c) Estatuto da Criança e do Adolescente (ECA): o diploma jurídico mais renomado no país quando o tema são os interesses das crianças e adolescentes. O ECA (Brasil, 1990)[151], é uma lei que foi promulgada em 13 de julho de 1990 e representa um marco na história dos direitos das crianças e dos adolescentes no Brasil. Entre suas principais garantias estão: o direito à vida, à saúde, à educação, à cultura, ao lazer, à profissionalização e à proteção contra a violência. Imputa à família, à sociedade e ao Estado a responsabilidade de assegurar tais direitos, assim como promover o desenvolvimento integral das crianças e adolescentes. Outra importante contribuição do ECA é a criação de mecanismos de proteção, como o Conselho Tutelar, para garantir os direitos das crianças e dos adolescentes em situações de violação.

É dever do Estado e da sociedade assegurar esses direitos, uma vez que sua violação pode trazer graves consequências para a vida

---

[149] BRASIL. Decreto nº 99.710, de 21 de novembro de 1990. Promulga a Convenção sobre os Direitos da Criança. *Diário Oficial da União*, Brasília, 22 nov. 1990.

[150] ORGANIZAÇÃO DAS NAÇÕES UNIDAS (ONU). *Declaração Universal dos Direitos Humanos*. Nova York, 1948. Disponível em: https://nacoesunidas.org/wp-content/uploads/2018/10/DUDH.pdf. Acesso em: 7 abr. 2023.

[151] BRASIL. Lei nº 8.069, de 13 de julho de 1990. Dispõe sobre o Estatuto da Criança e do Adolescente e dá outras providências. *Diário Oficial da União*, Brasília, DF, 16 jul. 1990. Disponível em: http://www.planalto.gov.br/ccivil_03/leis/L8069.htm. Acesso em: 7 abr. 2023.

desses indivíduos, impactando negativamente o seu futuro. Além disso, somente quando tais direitos forem assegurados haverá uma sociedade mais justa, igualitária, democrática e plena de oportunidades. Portanto, é imprescindível que as políticas públicas e práticas sociais estejam voltadas para a proteção e promoção desses direitos.

6.5 As Medidas Protetivas e Socioeducativas Previstas no ECA

O ECA prevê diversas medidas protetivas e socioeducativas para garantir o pleno desenvolvimento e proteção de crianças e adolescentes. Trata-se de um conjunto de ações que podem ser aplicadas em diferentes situações, visando garantir o cumprimento dos direitos das crianças e adolescentes e a sua proteção diante de situações de risco ou violação de seus direitos.

Algumas circunstâncias específicas podem levar à implementação das medidas protetivas, como: o abandono ou negligência do menor por parte da família que não oferece os cuidados necessários para sua sobrevivência, saúde e desenvolvimento; a violência física psicológica, sexual ou moral; o ambiente inseguro e insalubre para a criança ou o adolescente, devido a problemas dos responsáveis relacionados à dependência química ou alcoolismo; em situação de morte ou doença dos pais que os impeçam de oferecer os cuidados necessários para a criança ou o adolescente; em situações de conflito ou crise enfrentadas pela família que impeçam o exercício adequado das funções parentais, como, por exemplo, desemprego, divórcio, problemas de saúde mental, entre outros.

Essas são algumas das motivações que podem levar à colocação de uma criança ou adolescente em família substituta, seja por meio de acolhimento institucional, seja por meio de família acolhedora, guarda, tutela ou adoção. A seguir, você saberá as especificidades de cada uma delas.
   a) Acolhimento institucional: essa medida é aplicada quando a criança ou o adolescente está em situação de risco pessoal ou social e precisa ser afastada de sua família. Nesse caso, é

assegurado o direito a um ambiente acolhedor, respeitoso e adequado às suas necessidades.
b) Família acolhedora: essa medida prevê que o menor seja acolhido por uma família cadastrada e capacitada, em caráter temporário, até que seja possível seu retorno à família de origem ou adoção.
c) Guarda: é uma medida de proteção que estabelece a colocação da criança ou do adolescente sob a responsabilidade de uma pessoa que possa oferecer segurança, proteção e assistência material e moral.
d) Tutela: essa medida é aplicada quando a criança ou o adolescente não tem pais ou representante legal, ou quando estes não podem oferecer os cuidados necessários para a sua proteção e desenvolvimento.
e) Adoção: é uma medida que visa proporcionar à criança ou ao adolescente um ambiente familiar saudável e seguro, quando não há possibilidade de retorno à família de origem.

Em relação às medidas socioeducativas aplicadas aos adolescentes em conflito com a lei, seu objetivo é responsabilizá-los pelos atos cometidos e promover sua reintegração social. Os adolescentes transgressores são uma realidade presente em muitos países do mundo. No Brasil, de acordo com o Conselho Nacional de Justiça, em 2019, cerca de 25% da população carcerária é composta por jovens entre 18 e 24 anos (Brasil, 2019)[152]. Esses adolescentes geralmente são oriundos de famílias em situação de vulnerabilidade socioeconômica, com baixa escolaridade e falta de oportunidades.

O principal objetivo das medidas socioeducativas é a ressocialização do adolescente, para que ele possa retornar ao convívio em sociedade e se tornar um cidadão mais consciente e responsável. Para isso, o ECA prevê algumas ações, como: advertência; obrigação de reparar o dano; prestação de serviços à comunidade; liberdade as-

---

[152] BRASIL. Conselho Nacional de Justiça. Infopen. *Levantamento Nacional de Informações Penitenciárias*. 2019. Disponível em: https://www.cnj.jus.br/programas-e-acoes/pj-justica-estadual/infopen-levantamento-nacional-de-informacoes-penitenciarias/. Acesso em: 16 mar. 2023.

sistida; inserção em regime de semiliberdade e, em última instância, a internação em estabelecimento educacional. A aplicação deve ser proporcional ao ato infracional cometido pelo adolescente, levando em consideração sua idade, grau de desenvolvimento e circunstâncias do fato.

De acordo com a teoria da modernidade líquida defendida pelo sociólogo Zygmunt Bauman (2001)[153], a sociedade contemporânea é marcada pela fragmentação e pela liquidez dos valores, refletindo na forma como a sociedade lida com os adolescentes em conflito com a lei.

Muitas vezes, as medidas aplicadas são punitivas e pouco efetivas para a ressocialização do adolescente de outro modo, existem experiências de medidas socioeducativas bem-sucedidas, como a que acontece em Porto Alegre[154] (Secretaria Municipal de Educação de Porto Alegre, 2020), que tem como objetivo oferecer educação de qualidade e oportunidades de capacitação profissional para os jovens em conflito com a lei. A iniciativa busca reduzir a reincidência criminal e promover a reintegração social desses adolescentes, por meio da oferta de cursos de formação profissionalizante e outras atividades educativas. Além disso, o projeto visa garantir o acesso à educação formal para os adolescentes em medida socioeducativa de internação, de acordo com as diretrizes do ECA.

Diante do exemplo acima, é preciso repensar a forma como a sociedade lida com os adolescentes em conflito com a lei, apostando em medidas socioeducativas efetivas que respeitem os direitos e a dignidade desses jovens, contribuindo para a construção de uma sociedade mais justa e igualitária.

---

[153] BAUMAN, Zygmunt. *Modernidade líquida*. Rio de Janeiro: Zahar, 2001.
[154] SECRETARIA MUNICIPAL DE EDUCAÇÃO DE PORTO ALEGRE. *Projeto de ressocialização de adolescentes em conflito com a lei*. 2020. Disponível em: https://educacao.portoalegre.rs.gov.br/projeto-ressocializacao-adolescentes-conflito-lei. Acesso em: 16 mar. 2023.

6.5.1 A Atuação do Psicólogo na Colocação de Crianças e Adolescentes em Famílias Substitutas

Vistas as razões que podem levar um menor a ser direcionado para uma família substituta, foi possível compreender que, para que isso aconteça, as condições de vida dessa criança ou adolescente não condizem com os direitos fundamentais dispostos na DUDH e no ECA. Mas, ainda que vivam em situação imprópria, quando afastados da convivência familiar, é comum que apresentem sentimentos de abandono, medo, insegurança e baixa autoestima (Rodrigues, Medeiros & Amaral, 2020)[155]. Isso se deve à separação brusca da família, à perda de referências afetivas e à falta de privacidade e autonomia.

A atuação do psicólogo reside na tentativa de buscar minimizar tais impactos na vida das crianças e adolescentes, promovendo a escuta e o acolhimento dos sentimentos e necessidades dos menores; facilitando a aproximação e manutenção do vínculo afetivo com familiares e amigos, quando possível; realizando intervenções com as equipes de acolhimento e de saúde para melhoria da qualidade dos serviços oferecidos e patrocinando ações de conscientização e capacitação para os profissionais que atuam na rede de proteção à criança e ao adolescente (Rodrigues, Medeiros & Amaral, 2020)[156].

Em situação de guarda, a atuação do psicólogo é fundamental, pois ele desempenha a avaliação psicológica com base em diferentes aspectos como as relações familiares, o ambiente em que a criança ou adolescente vive, além do desenvolvimento emocional e psicológico da criança. É importante ressaltar que sua compreensão a partir do processo avaliativo será sempre pautada pela ética, pela imparcialidade e pelo melhor interesse do menor (Martins, Silva & Bastos, 2020)[157].

---

[155] RODRIGUES, A. G.; MEDEIROS, M. P.; AMARAL, M. E. F. Acolhimento institucional de crianças e adolescentes: desafios e possibilidades de atuação do psicólogo. *Revista de Psicologia da UNESP*, v. 19, n. 1, p. 34-52, 2020. DOI: http://dx.doi.org/10.23925/1984-4867.2020v19i1a03.

[156] Idem.

[157] MARTINS, L. F.; SILVA, D. F.; BASTOS, J. A. Atuação do psicólogo na avaliação psicológica em processos de guarda: um estudo bibliográfico. *Psicologia: Ciência e Profissão*, v. 40, e222806, 2020. DOI: https://doi.org/10.1590/1982-3703002232020.

Corroborando a tese da importância da avaliação psicológica desempenhada pelo psicólogo, segundo Cardoso *et al.* (2018)[158], sua atuação em processos de adoção é fundamental para garantir o bem-estar da criança adotada e dos adotantes. Essa atuação se inicia com a avaliação psicológica dos pretendentes à adoção, visando identificar suas características e condições emocionais, familiares e socioeconômicas para a adoção. Além disso, o psicólogo pode atuar na preparação da criança para a nova família, ajudando-a a compreender a adoção e a lidar com as mudanças que a nova realidade trará. Durante o processo de adoção, o psicólogo também pode atuar na mediação de conflitos entre os envolvidos, como familiares biológicos e adotivos, assim como no acompanhamento do desenvolvimento emocional e social da criança após a adoção.

---

[158] CARDOSO, A. M. et al. A atuação do psicólogo jurídico em processos de adoção: uma revisão sistemática. *Revista de Psicologia da IMED*, v. 10, n. 1, p. 1-15, 2018. Disponível em: https://seer.imed.edu.br/index.php/revistapsico/article/view/2027/1328.

7.
A PSICOLOGIA JURÍDICA APLICADA AO CAMPO DO TRABALHO

A atuação do psicólogo no Direito do Trabalho ainda é tímida, apesar de haver um amplo campo de ação para esse profissional que pode performar como perito, nomeado pelo juiz, para realizar avaliações e perícias psicológicas em casos de processos trabalhistas. Essas avaliações podem incluir a análise de condições de trabalho, relações interpessoais, saúde mental do trabalhador, entre outras questões que possam estar relacionadas ao processo em questão.

Já passou pela sua cabeça que uma pessoa pode sofrer problemas psicológicos em razão da profissão que exerce? Pois bem, ao atuar na vara do trabalho, compete ao psicólogo jurídico compreender os alcances da atividade laboral na psique humana. Propriamente, é o psicólogo perito que fará tal análise e compreensão, juntamente com outros profissionais, uma vez que a perícia se dá de forma multiprofissional.

Outra forma de atuação do psicólogo na vara do trabalho é enquanto assistente técnico, sendo contratado por uma das partes envolvidas no processo para prestar suporte técnico especializado em questões psicológicas. Nessa função, compete a ele fornecer informações e subsídios técnicos para a parte contratante, auxiliando na compreensão das questões psicológicas envolvidas no processo e na análise da atuação do perito indicado pelo magistrado.

Em ambos os casos, o psicólogo pode contribuir para a resolução de conflitos trabalhistas de forma justa e imparcial, levando em consideração as questões psicológicas envolvidas no caso.

Um estudo de caso que ilustra a importância do psicólogo jurídico no direito do trabalho foi realizado por Mendes e colaboradores (2019)[159] com trabalhadores terceirizados de uma empresa de limpeza urbana. Os resultados mostraram que os trabalhadores apresentavam altos níveis de estresse, ansiedade e depressão, relacionados principalmente às condições precárias de trabalho e à falta de reconhecimento profissional. Os autores destacaram a importância da atuação do psicólogo jurídico nesse contexto, visando à proteção dos direitos trabalhistas e a promoção da saúde mental dos trabalhadores.

> **Você sabia ?❢**
> Você sabia que uma ação civil pública por dano moral coletivo foi movida contra uma grande empresa brasileira de bebidas? Segundo alguns colaboradores, quando as metas de vendas não eram batidas, eles eram submetidos a situações vexatórias como dancinhas humilhantes, uso de camisetas com nomes ofensivos, proibição de se sentarem durante as reuniões da empresa, além do uso de chapéu com chifres. O tratamento humilhante na empresa era feito na presença dos demais empregados em reuniões realizadas diariamente.

De acordo com o Relatório Geral da Justiça do Trabalho (2022)[160], somente no ano de 2021, a demanda processual na justiça do trabalho foi de 2.550.397 novos casos, ou seja, a cada 100.000 habitantes

---

[159] MENDES, A. M., *et al.* Condições de trabalho e saúde mental de trabalhadores terceirizados de uma empresa de limpeza urbana. *Revista de Psicologia: Teoria e Prática*, 21(3), 122-137, 2019.

[160] BRASIL. *Relatório Geral da Justiça do Trabalho* (2022). Brasília, DF: Tribunal Superior do Trabalho, 193p. Fonte: Disponível em: https://www.tst.jus.br/documents/18640430/30889144/RGJT+2021.pdf/16c678c9-7136-51ba--2d62-cae4c5a4ab4d?t=1656603252811. Acesso em 10/02/2023.

do país, 1.196 pessoas ingressaram com uma ação trabalhista no ano de 2021. Isso revela o volume de problemas relacionados à relação empregado *versus* empregador.

Os conflitos oriundos de ações trabalhistas têm diferentes causas, como: aviso prévio; pagamento de horas extras; adicional de insalubridade; assédio moral e sexual, dentre outros. Diferentemente de todas as causas que podem ser comprovadas por elementos concretos, como falta de pagamento, desvio de função e insalubridade, por exemplo, o assédio não o é, por isso, sua configuração é objeto de discussão e dúvida.

O assédio moral é um comportamento abusivo que causa dano psicológico ou moral à vítima e é praticado de forma reiterada e intencional por uma ou mais pessoas (Gomes, 2018)[161]. Logo, a definição revela a subjetividade do conceito. Esse tipo de comportamento abusivo é prejudicial à saúde física e mental da vítima, bem como ao ambiente de trabalho. De acordo com especialistas, o assédio moral pode se manifestar por meio de comportamentos, palavras, atos, gestos ou escritos que possam causar danos à personalidade, dignidade ou integridade física e psicológica da vítima, colocando em risco seu emprego e degradando o ambiente de trabalho.

O assédio moral consiste em uma forma de violência que tem como intuito desestabilizar emocional e profissionalmente o indivíduo, podendo ser praticado por meio de ações diretas, como acusações, insultos, gritos e humilhações públicas, e por meio de ações indiretas, tais como: a disseminação de boatos, isolamento, recusa na comunicação, fofocas e exclusão social.

A humilhação repetitiva e de longa duração interfere significativamente na vida do trabalhador, afetando sua identidade, dignidade e relacionamentos afetivos e sociais, podendo gerar danos à saúde física e mental, que podem levar à incapacidade de trabalhar, ao desemprego ou até mesmo à morte. Tais comportamentos são contrários aos princípios constitucionais da dignidade da pessoa humana e do valor social do trabalho, bem como a diversas leis, por isso, devem ser coibidos.

---

[161] GOMES, Luiz Flávio; GARCIA, Maria. *Assédio moral nas relações de trabalho*. 5. ed. São Paulo: Revista dos Tribunais, 2018.

Vale ressaltar que o assédio moral não se confunde com situações normais de conflito no ambiente de trabalho, como discordâncias e divergências de opiniões. O assédio moral é um comportamento abusivo que tem como objetivo desestabilizar emocionalmente a vítima, prejudicando sua saúde e sua vida profissional.

Do ponto de vista jurídico, o assédio moral no trabalho é considerado uma forma de violação dos direitos fundamentais do trabalhador, e está previsto na legislação brasileira como um tipo de dano moral. A Constituição Federal de 1988, em seu artigo 5°, inciso X, reconhece a proteção à intimidade, à honra e à imagem das pessoas como direitos fundamentais, e a CLT (Consolidação das Leis do Trabalho) proíbe a prática de condutas que configurem discriminação, humilhação ou assédio moral no ambiente de trabalho.

O assédio moral no serviço público

A Lei n° 8.112/90 preconiza como deveres do servidor público, entre outros, a manutenção de conduta ajustada à moralidade administrativa, o que inclui tratar as pessoas com civilidade e ser fiel à instituição para a qual trabalha. No serviço público, o assédio moral se caracteriza por comportamentos repetitivos do agente público que, excedendo suas atribuições, seja por meio de ações, omissões, gestos ou palavras, tenham como finalidade ou consequência atingir a autoestima, autodeterminação, desenvolvimento profissional ou estabilidade emocional de outro servidor público ou empregado de empresa prestadora de serviços públicos, gerando prejuízos mensuráveis no ambiente de trabalho.

O ambiente de trabalho é um local propício para a ocorrência de diferentes tipos de assédio moral que podem ser praticados por colegas, chefes ou, até mesmo, clientes. Essa prática pode se manifestar de diversas formas, seja por meio de humilhações públicas, isolamento social, propagação de boatos ou mesmo por meio de sobrecarga de trabalho. É importante ressaltar que cada tipo de assédio moral apresenta características próprias, sendo necessário conhecê-las para identificar e combater essas práticas abusivas. A conscientização sobre a existência dessas variações é fundamental para garantir um ambiente de trabalho saudável e respeitoso para todos os envolvidos.

O assédio moral interpessoal

Esse tipo de assédio pode se manifestar de diferentes maneiras, por exemplo, por meio de piadas depreciativas, críticas injustificadas, humilhações em público, difamações, perseguições e isolamento social. É importante ressaltar que essas condutas abusivas geram um ambiente de trabalho tóxico, podendo levar à baixa autoestima, estresse, ansiedade e até mesmo a transtornos mentais como a depressão.

Para exemplificar o assédio moral interpessoal no ambiente de trabalho, considere o caso de uma funcionária que era constantemente criticada e humilhada pelo seu colega de trabalho. Esse colega a chamava de "burra" na frente dos demais, criticava o seu desempenho e a excluía de atividades do grupo. Com o tempo, a funcionária passou a sentir-se isolada e desvalorizada, o que comprometeu sua saúde mental e seu desempenho no trabalho.

O assédio moral interpessoal no ambiente de trabalho é uma das formas mais comuns de violência psicológica, e ocorre quando um indivíduo ou grupo é submetido a comportamentos abusivos por parte de outro indivíduo ou grupo no ambiente de trabalho, de forma repetitiva e prolongada, com o objetivo de humilhar, constranger ou desqualificar a vítima.

As formas de assédio moral interpessoal no ambiente de trabalho podem variar amplamente. Alguns exemplos incluem:
- Ofensas verbais ou insultos;
- Comentários depreciativos sobre a aparência, capacidades ou competências da vítima;
- Ignorar ou excluir deliberadamente a vítima de atividades e decisões no ambiente de trabalho;
- Sobrecarregar a vítima com tarefas sem sentido ou impossíveis de serem realizadas;
- Isolar a vítima de seus colegas de trabalho ou da equipe;
- Espalhar rumores ou fofocas maliciosas sobre a vítima.

É importante destacar que o assédio moral interpessoal no ambiente de trabalho pode ter graves consequências para a saúde física e mental da vítima, levando a quadros de depressão, ansiedade, síndrome do pânico, dentre outros transtornos psicológicos. Além disso, pode prejudicar a produtividade e a qualidade do trabalho desenvolvido, gerar custos adicionais para a empresa com afastamentos, licenças e processos trabalhistas (Marques & Braga, 2018)[162].

De acordo com a Pesquisa Nacional de Saúde (PNS, 2019) realizada pelo Instituto Brasileiro de Geografia e Estatística (IBGE), cerca de 10% dos trabalhadores brasileiros afirmaram ter sofrido algum tipo de assédio moral no trabalho no período de 12 meses anteriores à pesquisa.

Para combater o assédio moral interpessoal no ambiente de trabalho (Limongi-França & Coelho-Lima, 2018)[163,] é importante que as empresas adotem políticas de prevenção e combate ao assédio, com ações de conscientização e treinamento para todos os colaboradores, além de criar canais de denúncia e investigação de casos relatados.

O artigo "Prevenção e combate ao assédio moral no trabalho" de Limongi-França e Coelho-Lima (2018) destaca algumas medidas importantes para prevenir e combater o assédio moral no trabalho. Em primeiro lugar, é essencial que as empresas estabeleçam políticas claras de prevenção e combate ao assédio moral, que incluam a definição clara do que é considerado assédio, a comunicação dessas normas a todos os funcionários e a disponibilização de canais seguros para denúncia de casos de assédio.

Além disso, é fundamental que as empresas invistam em treinamentos para seus colaboradores e gestores, a fim de conscientizá-los sobre o assédio moral e suas consequências. Esses treinamentos devem incluir informações sobre os efeitos do assédio moral na saúde dos trabalhadores, os procedimentos a serem seguidos em caso de denúncias e a importância de um ambiente de trabalho saudável e respeitoso.

Outra ação importante é a adoção de medidas punitivas para os casos comprovados de assédio moral, que devem ser aplicadas de

---

[162] MARQUES, Lídia; BRAGA, Eunice. Assédio moral no trabalho: aspectos psicossociais e organizacionais. *Revista de Psicologia da UNESP*, v. 17, n. 1, p. 102-117, 2018.
[163] LIMONGI-FRANÇA, Ana Cristina; COELHO-LIMA, Fabiana. Prevenção e combate ao assédio moral no trabalho. *Revista Eletrônica Gestão & Saúde*, v. 9, n. 1, p. 2.163-2.179, 2018.

forma justa e equânime. É preciso que a empresa demonstre que não tolera esse tipo de comportamento e que está disposta a tomar medidas concretas para combatê-lo.

Por fim, os autores destacam a importância da participação dos trabalhadores no processo de prevenção e combate ao assédio moral. É fundamental que os funcionários sejam incentivados a denunciar casos de assédio e que sejam protegidos de possíveis retaliações por parte dos agressores.

Assédio moral institucional

O assédio moral institucional, também conhecido como assédio organizacional, é uma forma de violência psicológica que ocorre no ambiente de trabalho e é perpetrada pela própria empresa ou organização, por meio de suas políticas, normas e estruturas de poder (Loro; Deffaccio & Bornia, 2019)[164]. Esse tipo de assédio pode ser mais sutil do que o interpessoal, mas não menos prejudicial ao indivíduo e ao ambiente de trabalho.

O assédio moral no trabalho pode ocorrer em diferentes formas de relação hierárquica entre os indivíduos (Santos, Aquino e Pinto, 2020)[165], sendo classificado como vertical, horizontal ou misto. Entre as formas de assédio moral vertical estão o descendente, ascendente e horizontal.

O assédio moral descendente é caracterizado pela conduta abusiva de um superior em relação a um subordinado. Essa forma de assédio pode se manifestar de diversas maneiras, tais como a cobrança excessiva de resultados, imposição de tarefas impossíveis de serem cumpridas, exposição pública do subordinado, discriminação e humilhação. Um exemplo de assédio moral descendente é o caso de

---

[164] LORO, M. T.; DEFFACCIO, L. S.; BORNIA, A. C. O Assédio Moral Institucional na Perspectiva dos Trabalhadores de uma Empresa de Telecomunicações. *Gestão e Sociedade*, v. 13, n. 35, p. 3.708-3.730, 2019.

[165] SANTOS, Alessandra Ribeiro dos; AQUINO, Tania Maria de; PINTO, Ana Paula Vieira. O assédio moral no ambiente de trabalho: um estudo sobre suas formas de manifestação. *Revista de Administração FACES Journal*, v. 19, n. 2, p. 143-160, 2020.

um chefe que, diante de seus subordinados, ridiculariza e humilha um colaborador por erros cometidos em uma atividade profissional, independentemente de tais erros terem implicado em problemas para a instituição.

Por sua vez, o assédio moral ascendente ocorre quando o subordinado é o responsável pela conduta abusiva em relação ao superior hierárquico. Essa forma de assédio pode acontecer quando o subordinado se sente injustiçado ou desvalorizado, e passa a adotar comportamentos hostis, tais como desrespeitar as ordens do superior, ridicularizá-lo ou ignorá-lo. Um exemplo de assédio moral ascendente é o caso de um colaborador que, após receber uma crítica construtiva do chefe, passa a hostilizá-lo e a desobedecer suas ordens.

Entende-se que o assédio moral horizontal ocorre entre colegas de trabalho que ocupam a mesma posição hierárquica na empresa. Nesse caso, a conduta abusiva pode ser resultado de disputas internas ou de inveja, e pode se manifestar por meio de comportamentos como apropriação de ideias ou créditos, difamação, boicote e humilhação. Um exemplo de assédio moral horizontal é o caso de um colega que espalha boatos e difamações sobre outro colega com o objetivo de prejudicá-lo.

É importante ressaltar que todas as formas de assédio moral no trabalho são prejudiciais à saúde e à integridade emocional dos envolvidos, além de afetar negativamente o ambiente de trabalho e a produtividade da empresa.

O assédio moral misto (Limongi-França & Coelho-Lima, 2018)[166], também conhecido como "bidimensional" ou "duplo", consiste em uma combinação de diferentes tipos de assédio moral, ocorrendo simultaneamente ou de forma intercalada. Esse tipo de assédio pode envolver tanto aspectos interpessoais quanto institucionais, além de poder ocorrer em diferentes direções hierárquicas (ascendente, descendente ou horizontal).

Por exemplo, um caso de assédio moral misto pode envolver um superior que constantemente humilha e constrange um funcioná-

---

[166] LIMONGI-FRANÇA, Ana Cristina; COELHO-LIMA, Fabiana. Prevenção e combate ao assédio moral no trabalho. *Revista Eletrônica Gestão & Saúde*, v. 9, n. 1, p. 2163-2179, 2018.

rio, utilizando-se de condutas abusivas e intimidatórias, enquanto a empresa em que trabalham mantém uma cultura organizacional tóxica, que favorece a prática de assédio moral e não oferece medidas efetivas para combater esse tipo de comportamento.

O assédio moral misto pode ser especialmente danoso para as vítimas, uma vez que envolve a soma de diferentes tipos de agressões, que podem impactar negativamente em diferentes aspectos da vida profissional e pessoal. É importante que as empresas e organizações estejam atentas à possibilidade de ocorrência de assédio moral misto e adotem medidas para prevenir e combater esse tipo de comportamento abusivo.

É premente que todas as empresas busquem criar um ambiente de trabalho digno, seguro, saudável e sustentável, adotando medidas para impedir quaisquer práticas que possam comprometer a saúde física, mental e social dos funcionários. Mas você saberia quais práticas são classificadas como assédio moral?

São muitas as dúvidas dos empregadores, dos colaboradores e, também, dos magistrados quanto ao que é, ou não, caraterizado como assédio moral no ambiente de trabalho. Neste sentido, visando sensibilizar e esclarecer a todos os envolvidos quanto às condições de trabalho entendidas como saudáveis e aquelas vistas como abusivas, o Tribunal Superior do Trabalho (TST), juntamente com o Conselho Superior da Justiça do Trabalho (CSJT), desenvolveram a cartilha "Prevenção ao assédio moral e sexual por um ambiente de trabalho mais positivo"[167], que apresenta conceitos e exemplos de comportamentos e condutas condizentes com os diferentes tipos de assédio. Veja, a seguir, algumas das situações descritas:

Atitudes que caracterizam assédio (TST; CNJT, 2020, p.12)[168]:
- Retirar a autonomia do colaborador;
- Contestar as decisões do colaborador sem razão para tal;

---

[167] TST; CNJT. *Prevenção ao assédio moral e sexual por um ambiente de trabalho mais positivo*. Brasília, DF: TST, 2020. Disponível em: <link para o documento>. Acesso em: 02/02/2023.https://www.tst.jus.br/documents/10157/26144164/Campanha+ass%C3%A9dio+moral+e+-sexual+-+a5+-+12092022.pdf/f10d0579-f70f-2a1e-42ae-c9dcfcc1f-d47?t=1665432735176

[168] Idem.

- Impor-lhe novas atribuições em relação àquelas que já exerce, sobrecarregando-o;
- Retirar o trabalho que habitualmente competia a ele executar, provocando a sensação de inutilidade e de incompetência;
- Não se dirigir ao assediado, usando outros meios para comunicar-se com ele a fim de evitar a comunicação direta;
- Passar tarefas humilhantes;
- Gritar ou falar de forma desrespeitosa;
- Desprezar seus problemas de saúde;
- Conferir apelidos pejorativos;
- Impor penalidades vexatórias como o uso de chapéus, camisetas com frases que o exponham, danças etc.;
- Postar mensagens depreciativas em grupos nas redes sociais a fim de expor o colaborador, seja em razão de seu rendimento ou comportamento;
- Isolar fisicamente o colaborador para que não se comunique com os demais colegas;
- Impor condições e regras de trabalho individualizadas, diferentes das que são cobradas dos outros profissionais;
- Delegar tarefas impossíveis de serem cumpridas ou determinar prazos incompatíveis para finalização de um trabalho;
- Manipular informações, deixando de repassá-las com a devida antecedência necessária para que o colaborador realize suas atividades;
- Vigilância excessiva;
- Limitar o número de vezes que o colaborador vai ao banheiro e monitorar o tempo que lá ele permanece;
- Advertir arbitrariamente.

Atitudes que não caracterizam assédio moral (TST; CNJT, 2020, p. 14):
- Exigir que o trabalho seja cumprido com eficiência e estimular o cumprimento de metas.
- Eventuais reclamações por tarefa não cumprida ou realizada com displicência.
- Aumento do volume de trabalho, dependendo do tipo de atividade desenvolvida.

- A realização de serviço extraordinário é possível, se dentro dos limites da legislação e por necessidade de serviço.
- A sobrecarga de trabalho só pode ser vista como assédio moral se usada para desqualificar especificamente um indivíduo ou se usada como forma de punição.
- Uso de mecanismos tecnológicos de controle, como ponto eletrônico.
- Más condições físicas de trabalho, como espaço pequeno e pouco iluminado, não representam assédio moral, a não ser que o profissional seja colocado nessas condições com o objetivo de desmerecê-lo frente aos demais.

Diante de uma situação de assédio moral, o que a vítima pode fazer[169]?

Diante de um episódio de assédio moral no trabalho, é importante que a vítima tome algumas medidas para se proteger e buscar soluções para a situação. Entre as possíveis ações que a vítima pode tomar, estão:

- Registrar os episódios de assédio moral: anotar datas, horários, locais, testemunhas e descrições dos comportamentos abusivos. Tais informações podem ser úteis para futuras denúncias.
- Buscar apoio emocional: contar com o apoio de familiares, amigos ou colegas de trabalho pode ajudar a vítima a lidar com os efeitos emocionais do assédio moral.
- Denunciar o assédio moral: a vítima pode denunciar o assédio moral à empresa ou ao sindicato da categoria, que devem tomar medidas para coibir a prática.
- Buscar ajuda jurídica: se necessário, a vítima pode procurar um advogado ou a Defensoria Pública para buscar reparação pelos danos sofridos.
- É importante destacar que cada caso de assédio moral é único e pode exigir abordagens específicas. A vítima deve buscar ajuda de profissionais especializados e seguir as orientações adequadas para lidar com a situação de forma segura e eficaz.

---

[169] LIMONGI-FRANÇA, Ana Cristina; COELHO-LIMA, Fabiana. Prevenção e combate ao assédio moral no trabalho. *Revista Eletrônica Gestão & Saúde*, v. 9, n. 1, p. 2.163-2.179, 2018.

Em suma, o assédio moral é, sem dúvida, uma forma de violência psicológica que pode afetar gravemente a saúde mental e o desempenho dos trabalhadores, prejudicando não apenas o indivíduo, mas também a empresa ou organização como um todo. Por isso, é fundamental que sejam adotadas medidas para prevenir e combater esse tipo de assédio, visando garantir um ambiente de trabalho saudável e produtivo que garanta o respeito aos direitos trabalhistas, a transparência nas relações e a valorização do trabalhador. Além disso, é fundamental que sejam criados canais de comunicação para que os trabalhadores possam denunciar práticas abusivas sem sofrer retaliações. É importante destacar também a necessidade de uma cultura organizacional que valorize o diálogo e a colaboração, e não a competição e o autoritarismo.

> **Você sabia ??**
> Você sabia que um banco teve que pagar indenização a uma colaboradora por divulgar seu nome no *ranking* de piores funcionários na intranet da empresa? Segundo afirmou a bancária, o método de divulgação do *ranking* dos melhores e piores funcionários era uma estratégia abusiva de gestão e gerava constrangimento e medo de perder o emprego tanto nela como nos demais trabalhadores. O Banco foi condenado ao pagamento de indenização em razão da cobrança excessiva de metas, que incluía a divulgação de um *ranking* dos melhores e dos piores funcionários na intranet. A Primeira Turma do Tribunal Superior do Trabalho negou provimento aos recursos do banco, ficando mantida a decisão condenatória.

7.1 Posicionamento do CFP sobre a Perícia Psicológica Especificamente em Situações de Assédio no Trabalho

Ainda que não exista um protocolo formal determinado pelo Conselho Federal de Psicologia (CFP) acerca das perícias em questão, Rabelo e Silva (2017)[170] propõem tratamento cuidadoso dessa situação, apresentando sua forma de atuação na prática cotidiana enquanto peritas da Justiça do Trabalho da 3ª Região de Belo Horizonte.

O principal diferencial da metodologia empregada por elas é a entrevista inicial, cuja finalidade é oferecer uma escuta qualificada do municiado, a fim de favorecer a compreensão do caso. Para isso, em vez de essa etapa acontecer na sala de audiência diante do magistrado e dos assistentes técnicos apresentados pelas partes, ocorre em sala isolada, de modo que o periciado não se sinta exposto. Imediatamente após, ocorre uma audiência pericial que considera a participação dos assistentes.

O escopo da entrevista é previamente desenhado por questões semiestruturadas oriundas das informações constantes nos autos, bem como, pelas indagações anexadas pelas partes e pelo juiz. A entrevista abarca aspectos gerais de sua vida pessoal, transitando por relacionamentos interpessoais, além de doenças físicas ou psíquicas inerentes à sua existência.

Após, delineia-se a trajetória profissional pregressa do indivíduo, buscando compreender suas vivências, causas de demissões e impacto das atividades em sua saúde.

Tendo ingressado no campo profissional propriamente, inicia-se uma compreensão sobre as experiências vivenciadas pelo trabalhador na empresa em questão, de forma que se busque compreender detalhadamente sua carga horária, realização de horas extras, hierarquia, remuneração, turno e ambiente de trabalho, ou seja, todos os

---

[170] RABELO, Lais Di Bella; SILVA, Julie Amaral. A perícia judicial como atuação do psicólogo do trabalho. *Arq. bras. psicol.*, Rio de Janeiro, v. 69, n. 2, p. 230-237, 2017. Disponível em <http://pepsic.bvsalud.org/scielo.php?script=sci_arttext&pid=S1809-52672017000200016&lng=pt&nrm=iso>. Acesso em 10 jan. 2023.

elementos que podem contribuir para a compreensão do contexto laboral, assim como os episódios desencadeadores do possível adoecimento psíquico.

Outro aspecto a ser compreendido durante a entrevista é a situação de vida atual do trabalhador em questão, cujo objetivo é compreender sua saúde física, mental e sua atuação profissional no momento. Isso porque o tempo de tramitação de um processo trabalhista, entre a proposição da ação e a execução, podem transcorrer anos, ou seja, nesse período a condição do paciente pode ser alterada e é preciso entender como se encontra em relação à propositura da ação.

O exame psíquico do periciando é realizado durante a entrevista e a audiência pericial, ocasião em que são verificadas sua memória, atenção, cognição, humor, consciência, entre outros. Não se trata de algum tipo de teste ou inquérito específico para isso, mas de uma prática recorrente nas consultas psicológicas, ocasião em que o profissional observa todos esses aspectos com base no que se espera de um indivíduo que atenda à expectativa para sua idade.

Ainda, de acordo com as autoras, deve-se realizar entrevistas com terceiros, uma análise do local de trabalho, assim como, considerar as evidências epidemiológicas referentes ao tema em questão.

Por fim, são concluídas as análises e, caso se faça pertinente, formula-se um diagnóstico que deve ser acompanhado de um CID. Após, o perito responde aos quesitos de sua competência apontados nos autos. E, com base na prescrição legal e no laudo apresentado, o juiz apresenta sua decisão.

Para saber mais

Fique atento! Dano moral e assédio moral são coisas distintas. Uma situação isolada pode ser caracterizada como dano moral, mas para que seja considerada assédio moral é preciso que ocorra de forma repetida, por tempo prolongado e com a intenção de prejudicar a vítima. Por isso, caracterizar assédio moral é tarefa difícil, não bastando a vítima afirmar ter sido assediada.

NÃO SE PODE FALAR EM FIM

A Psicologia Jurídica tem se mostrado fundamental para lidar com os desafios enfrentados pela justiça, fornecendo uma perspectiva mais ampla e profunda das questões envolvidas nos processos judiciais.

Ainda que este livro ofereça conceitos e teorias fundamentais para uma melhor compreensão da interface entre a Psicologia e o Direito, bem como a importância da comunhão destas ciências em favor de decisões mais justas e equitativas, apesar dos avanços recentes, ainda há espaço para a Psicologia ser melhor aceita no campo jurídico.

Apesar de tamanha contribuição da ciência da mente para a esfera jurídica, existem muitos profissionais do Direito que não atribuem aos psicólogos jurídicos um lugar de relevância na resolução de questões legais, apesar de essa parceria poder levar a uma maior compreensão do comportamento humano em contextos legais, bem como, a um sistema de justiça mais eficaz e justo.

Nesse sentido, é primordial que as graduações em Psicologia e Direito ofertem maior espaço à Psicologia Jurídica, realizando parcerias entre os cursos, de modo que haja um estreitamento na atuação entre os estudantes que atuam na clínica-escola e aqueles que operam no escritório de assistência jurídica da instituição de ensino. Isso, certamente, trará maior segurança e qualidade no atendimento ofertado por ambos os serviços.

Psicologia e Direito atuando lado a lado, conjuntamente, possibilitarão melhor compreensão das complexidades humanas envolvidas nos processos judiciais, assegurando justiça para todos.

REFERÊNCIAS

ALCHIERI, J. C.; GOMES, W. B.; LOPES, M. C. B. M.; VIEIRA, K. M. Perícias psicológicas e testes psicológicos: revisão de literatura nacional. *Avaliação Psicológica*, v. 10, n. 1, p. 99-108, 2011.

ALVAREZ, Marcos César. A criminologia no Brasil ou como tratar desigualmente os desiguais. *Dados-Revista de Ciências Sociais*, p. 677-704, 2002.

ALVES, R. de B. *A Vitimologia*. RT 616/415-16. São Paulo. Editora Revista dos Tribunais, 1987.

AMERICAN PSYCHIATRIC ASSOCIATION. *DSM-5: Manual diagnóstico e estatístico de transtornos mentais*. 5ª ed. Porto Alegre: Artmed, 2014.

ANASTASI, A., & URBINA, S. *Testagem psicológica*. Porto Alegre: Artes Médicas (1997).

ARAUJO, Saulo de Freitas. Wilhelm Wundt e a fundação do primeiro centro internacional de formação de psicólogos. *Temas psicol.*, Ribeirão Preto, v. 17, n. 1, p. 09-14, 2009. Disponível em <http://pepsic.bvsalud.org/scielo.php?script=sci_arttext&pid=S1413-389X2009000100002&lng=pt&nrm=iso>. acessos em 01 abr. 2023.

ASSEMBLEIA GERAL DAS NAÇÕES UNIDAS. *Convenção sobre os Direitos da Criança*. Nova Iorque: ONU, 1989.

ASSOCIAÇÃO BRASILEIRA DE PSIQUIATRIA. *Manual de orientação sobre violência doméstica*. São Paulo: ABP, 2007.

ATKINSON, R. *Introdução à Psicologia*. Porto Alegre: Artmed, 1995.

AZEVEDO, Luis Carlos de. *Introdução à História do Direito*. São Paulo: Revista dos Tribunais, 2005.

BADARÓ, Gustavo. *Processo Penal*. 5ª ed. São Paulo: Revista dos Tribunais, 2015.

BANDEIRA, D. R.; TAVARES, M. C. G.; RIBEIRO, L. R.; MOREIRA, D. S. Avaliação psicológica em processos judiciais: principais testes psicológicos utilizados por psicólogos forenses. *Revista de Psicologia Forense e Jurídica*, v. 3, n. 1, p. 44-55, 2014.

BATISTA, J. F.; CARVALHO, L. P.; OLIVEIRA, E. P. Síndrome de burnout em mães de recém-nascidos internados em UTI neonatal. *Revista Brasileira de Enfermagem*, v. 74, p. e20200808, 2021. DOI: https://doi.org/10.1590/0034-7167-2020-0808.

BAUM, W. M. *Compreender o Behaviorismo: comportamento, cultura e evolução.* Porto Alegre: Artmed, 2007.

BAUMAN, Zygmunt. *Modernidade líquida.* Rio de Janeiro: Zahar, 2001.

BEAR, M. F.; CONNORS, B. W.; PARADISO, M. A. *Neurociências: Desvendando o sistema nervoso.* Porto Alegre: Artmed, 2010.

BEATO FILHO, Cláudio; CANO, Ignácio; DUARTE, Luciana. Criminologia crítica e crítica do direito penal: introdução a uma nova cultura no estudo do crime. *Revista Brasileira de Ciências Criminais*, n. 72, 2008.

BECK, J. S. *Terapia cognitiva: teoria e prática* (S. Costa, Trad.). Porto Alegre: Artes Médicas, 1997. (Trabalho original publicado em 1995)

BECKER, F. S. *Psicologia da saúde: teoria, intervenção e pesquisa.* Artmed, 2011.

BEE, H. *A criança em desenvolvimento.* Porto Alegre: Artmed, 2003.

BOCK, A. M. B.; TEIXEIRA, M. de L. T.; FURTADO, O. *Psicologias: uma introdução ao estudo de Psicologia.* São Paulo: Saraiva, 2009.

BRANCO, P. C. C.; SILVA, L. X. de B. Psicologia humanista de Abraham Maslow: recepção e circulação no Brasil. *Rev. abordagem Gestalt.* Goiânia, v. 23, n. 2, p. 189-199, ago. 2017.

BRASIL. Conselho Nacional de Justiça. Infopen. *Levantamento Nacional de Informações Penitenciárias.* 2019. Disponível em: https://www.cnj.jus.br/programas-e-acoes/pj-justica-estadual/infopen-levantamento-nacional-de-informacoes-penitenciarias/. Acesso em: 16 mar. 2023.

BRASIL. Decreto nº 99.710, de 21 de novembro de 1990. Promulga a Convenção sobre os Direitos da Criança. *Diário Oficial da União*, Brasília, 22 nov. 1990.

BRASIL. Decreto-Lei n° 3.689, de 3 de outubro de 1941. Código de Processo Penal. *Diário Oficial da União*, Brasília, DF, 13 out. 1941. Disponível em: http://www.planalto.gov.br/ccivil_03/decreto-lei/del3689compilado.htm. Acesso em: 5 abr. 2023.

BRASIL. Lei n° 10.741, de 1° de outubro de 2003. Dispõe sobre o Estatuto do Idoso e dá outras providências. *Diário Oficial da União*, Brasília, DF, 3 out. 2003. Disponível em: http://www.planalto.gov.br/ccivil_03/leis/2003/L10.741.htm. Acesso em 09/11/2022.

BRASIL. Lei n° 11.340, de 7 de agosto de 2006. Lei Maria da Penha. *Diário Oficial da União*, Brasília, DF, 8 ago. 2006.

BRASIL. Lei n° 13.140, de 26 de junho de 2015. Dispõe sobre a mediação entre particulares como meio de solução de controvérsias e sobre a autocomposição de conflitos no âmbito da administração pública; altera a Lei n° 9.469, de 10 de julho de 1997, e o Decreto n° 70.235, de 6 de março de 1972; e revoga o § 2° do art. 6° da Lei n° 9.469, de 10 de julho de 1997. *Diário Oficial da União*, Brasília, DF, 29 jun. 2015. Disponível em: http://www.planalto.gov.br/ccivil_03/_ato2015-2018/2015/lei/l13140.htm. Acesso em: 09 abr. 2023.

BRASIL. Lei n° 13.431, de 4 de abril de 2017. Estabelece o sistema de garantia de direitos da criança e do adolescente vítima ou testemunha de violência e altera a Lei n° 8.069, de 13 de julho de 1990 (Estatuto da Criança e do Adolescente), a Consolidação das Leis do Trabalho (CLT), aprovada pelo Decreto-Lei n° 5.452, de 1° de maio de 1943, e a Lei n° 10.406, de 10 de janeiro de 2002 (Código Civil). *Diário Oficial da União*, Brasília, DF, 5 abr. 2017. Seção 1, p. 1.

BRASIL. *Lei n° 7.210, de 11 de julho de 1984.* Lei de Execução Penal.

BRASIL. *Lei n° 8.069, de 13 de julho de 1990.* Dispõe sobre o Estatuto da Criança e do Adolescente e dá outras providências. Diário Oficial da União, Brasília, DF, 16 jul. 1990. Disponível em: http://www.planalto.gov.br/ccivil_03/leis/L8069.htm. Acesso em: 7 abr. 2023.

BRASIL. *Lei n° 8.842, de 4 de janeiro de 1994.* Dispõe sobre a política nacional do idoso, cria o Conselho Nacional do Idoso e dá outras providências. Diário Oficial da União, Brasília, DF, 5 jan. 1994.

BRASIL. *Relatório Geral da Justiça do Trabalho* (2022). Brasília, DF: Tribunal Superior do Trabalho, 193p. Fonte: Disponível em: https://www.tst.jus.br/documents/18640430/30889144/RGJT+2021.pdf/16c-678c9-7136-51ba-2d62-cae4c5a4ab4d?t=1656603252811. Acesso em 10/02/2023.

BRASIL. *Resolução CNJ nº 125, de 29 de novembro de 2010*. Dispõe sobre a Política Judiciária Nacional de tratamento adequado dos conflitos de interesses no âmbito do Poder Judiciário e dá outras providências. Diário da Justiça Eletrônico, Brasília, DF, 06 dez. 2010. Disponível em: https://atos.cnj.jus.br/files/resolucao-cnj-n-125-de-29-de-novembro--de-2010-1292270571. Acesso em: 09 abr. 2023.

CAMBIER, L. A.; MASCARENHAS, M. F.; KOZLOWSKI, L. B. Testes psicológicos mais utilizados por psicólogos peritos judiciais: uma revisão de literatura. *Psicologia Argumento*, v. 33, n. 81, p. 101-111, 2015.

CANGUILHEM, G. *O normal e o patológico*. Rio de Janeiro: Forense, 2002.

CARDOSO, A. M. *et al*. A atuação do psicólogo jurídico em processos de adoção: uma revisão sistemática. *Revista de Psicologia da IMED*, v. 10, n. 1, p. 1-15, 2018. Disponível em: https://seer.imed.edu.br/index.php/revistapsico/article/view/2027/1328.

CARRARO, T. E.; QUEIROZ, J. V.; FREITAS, L. C. Perícia psicológica em processos judiciais: revisão de literatura sobre o uso de testes psicológicos. *Revista Brasileira de Terapias Cognitivas*, v. 9, n. 2, p. 87-96, 2013.

CARVALHO, S. *Direito Penal do Inimigo e o Terrorismo no Brasil*. Rio de Janeiro: Lumen Juris, 2010.

CATTELL, R. B. Theory of Fluid and Crystallized Intelligence: A Critical Experiment. *Journal of Educational Psychology*, v. 54, p. 1-22, 1963.

CECCARELLI, Paulo. O sofrimento psíquico na perspectiva da Psicopatologia fundamental. *Psicol. estud.*, Maringá, v. 10, n. 3, Dec. 2005.

CESCA, T. B. O papel do psicólogo jurídico na violência intrafamiliar: possíveis articulações. *Psicologia e Sociedade*. 16(3): 41-56; set/dez. 2004.

CHAMBERS, D. J. *et al*. Burnout prevalence in US lawyers: Transforming the study to meet the needs of the profession. *Journal of Legal Education*, v. 67, n. 2, p. 238-264, 2018. DOI: https://doi.org/10.1177/0022219418763285.

CONSELHO FEDERAL DE PSICOLOGIA. *Resolução CFP n° 008/2010*. Dispõe sobre a atuação de psicólogas(os) em relação às questões de gênero nas políticas públicas. Brasília, DF: CFP, 2010. Disponível em: https://site.cfp.org.br/wp-content/uploads/2011/08/Resolucao008-2010.pdf. Acesso em: 22/10/22.

CONSELHO FEDERAL DE PSICOLOGIA. *Resolução CFP n° 06/2019*. Brasília, 2019.

COSTA, M. J. F. da; PONTES, A. R. S. *Criminologia: Introdução e Fundamentos*. São Paulo: Saraiva, 2016.

CURY, R. G. Depoimento especial de crianças e adolescentes vítimas de violência sexual: uma análise crítica da legislação brasileira. In *Anais do XI Seminário Internacional de Direitos Humanos* (pp. 223-242), 2019.

DALGALARRONDO, Paulo. *Psicoterapia e semiologia dos transtornos mentais*. Porto Alegre: Artmed, 2000.

DIAS, Camila Nunes. Criminologia no Brasil: breve histórico e perspectivas. In: DIAS, Camila Nunes; PEREIRA, Marcelo de Almeida; TELLES, Vera da Silva (orgs.). *Criminologia: panorama nacional contemporâneo*. Rio de Janeiro: Lumen Juris, 2019.

DIAS, R. D. M. et al. Desafios da identificação e prevenção da alienação parental para os profissionais da área jurídica. *Psicologia e Direito em Revista*, v. 8, n. 1, p. 97-114, 2021.

FALLON, J. H. *The Psychopath Inside: A Neuroscientist's Personal Journey into the Dark Side of the Brain*. Penguin Group, 2013.

FANCHER, R. E., & RUTHERFORD, A. *Pioneers of psychology*. WW Norton & Company, 2020.

FIORELLE, J. O. et al. *Psicologia aplicada ao direito*. 2.ed. São Paulo: LTr, 2008.

FIORELLI, J. O.; MANGINI, C. R. *Psicologia*. São Paulo: Saraiva, 2016.

FÓRUM BRASILEIRO DE SEGURANÇA PÚBLICA. *Anuário Brasileiro de Segurança Pública*. 2021. Disponível em: https://forumseguranca.org.br/wp-content/uploads/2021/09/anuario21_14set21_site.pdf. Acesso em: 06 abr. 2023.

FOUCAULT, M. *Vigiar e Punir: Nascimento da Prisão.* 42. ed. Petrópolis: Vozes, 2014.

FREUD, S. *O ego e o id.* Rio de Janeiro: Imago, 1997.

GARDNER, H. *Estruturas da mente: a teoria das inteligências múltiplas.* Porto Alegre: Artmed, 2011.

GARDNER, Richard A. *The Parental Alienation Syndrome: A Guide for Mental Health and Legal Professionals.* 1992.

GOLDENBERG, I.; STANTON, M. D. *Princípios de terapia de casais e de família.* Porto Alegre: Artmed, 2008.

GOMES, A. M. T. et al. *Síndrome de Burnout em mães brasileiras: prevalência e fatores associados.* Cadernos de Saúde Pública, Rio de Janeiro, v. 35, n. 8, e00192518, 2019. DOI: https://doi.org/10.1590/0102-311x00192518.

GOMES, Luiz Flávio; GARCIA, Maria. *Assédio moral nas relações de trabalho.* 5. ed. São Paulo: Revista dos Tribunais, 2018.

GOMES, W. B., & CAMARGO, B. V. A técnica do depoimento especial: aspectos conceituais e práticos. *Revista Brasileira de Ciências Criminais,* 139(1), 223-242, 2018.

GOUVEIA, V. V., & GUIMARÃES, G. B. O papel da sugestionabilidade na formação da memória de testemunhas oculares. In *Psicologia Jurídica: Práticas e Pesquisas Contemporâneas* (pp. 113-128). Appris, 2021.

HÜBNER, M. M. C.; MOREIRA, M. B. *Temas clássicos da Psicologia sob a ótica da Análise do Comportamento.* Rio de Janeiro: Guanabara Koogan, 2012.

INSTITUTO BRASILEIRO DE GEOGRAFIA E ESTATÍSTICA – IBGE. *Estimativas da população.* Rio de Janeiro: IBGE, 2021.

IZQUIERDO, I. *Memória* (2. ed.). Porto Alegre, RS: Artmed, 2011.

LERNER, M. J. *The belief in a just world: A fundamental delusion.* New York: Plenum Press, 1980.

LIMA, M. E. *Manual de Psicologia Jurídica para operadores do Direito.* São Paulo: Atlas, 2012.

LIMONGI-FRANÇA, Ana Cristina; COELHO-LIMA, Fabiana. Prevenção e combate ao assédio moral no trabalho. *Revista Eletrônica Gestão & Saúde*, v. 9, n. 1, p. 2163-2179, 2018.

LOFTUS, E.; PALMER, J. Reconstruction of automobile destruction: An example of the interaction between language and memory. *Journal of Verbal Learning and Verbal Behavior*, v. 13, n. 5, p. 585-589, 1974.

LORO, M. T.; DEFFACCIO, L. S.; BORNIA, A. C. O Assédio Moral Institucional na Perspectiva dos Trabalhadores de uma Empresa de Telecomunicações. *Gestão e Sociedade*, v. 13, n. 35, p. 3.708-3.730, 2019.

MARQUES, Lídia; BRAGA, Eunice. Assédio moral no trabalho: aspectos psicossociais e organizacionais. *Revista de Psicologia da UNESP*, v. 17, n. 1, p. 102-117, 2018.

MARQUES, T. R., & SILVA, A. G. A influência da emoção e do estresse na memória do testemunho ocular. In *Psicologia Jurídica e Forense: Reflexões Contemporâneas* (pp. 161-183). Blucher, 2019.

MARTINS, L. F.; SILVA, D. F.; BASTOS, J. A. Atuação do psicólogo na avaliação psicológica em processos de guarda: um estudo bibliográfico. *Psicologia: Ciência e Profissão*, v. 40, e222806, 2020.

MATLIN, M. W. *Psicologia Cognitiva*. Tradução Stella Machado. 5. ed. Rio de Janeiro: LTC, 2010.

MENDELSOHN, M. Classificação vitimária. *Revista Brasileira de Criminologia e Direito Penal*, 4(14), 15-32, 1956.

MENDES, A. M., *et al*. Condições de trabalho e saúde mental de trabalhadores terceirizados de uma empresa de limpeza urbana. *Revista de Psicologia: Teoria e Prática*, 21(3), 122-137, 2019.

MERTEN, T., & KRAAIJ, V. Automated detection of deception: A review of non-invasive techniques and the potential for automation in forensic context. *Journal of Forensic Psychiatry and Psychology*, 29(6), 873-894, 2018.

MICHAELIS. *Dicionário Online Michaelis*. Disponível em: https://www.michaelis.uol.com.br/. Acesso em: [08/11/2022].

MINUCHIN, S. *Famílias: funcionamento & tratamento*. Porto Alegre: Artes Médicas, 1982.

MIRA Y., LOPEZ, E. *Manual de Psicologia jurídica*. 2. ed. São Paulo: Impactus, 2008.

MIRANDA, R. L., & SANTOS, L. R. da S. História e memória da profissão de psicólogo no Brasil: Legislações e contexto sócio-histórico (1940-1950). *Memorandum: Memória E História Em Psicologia*, *39*, 2022. https://doi.org/10.35699/1676-1669.2022.35360

MORAIS, M. E. L. Aspectos da Vitimologia. In: *Curso de extensão em vitimologia*. Recife: Universidade Federal de Pernambuco, 2016.

MOREIRA, MMN; PRIETO, D. *"Da sexta vez não passa": violência cíclica na relação conjugal*. Psicologia IESB, Brasília, v. 2, n. 2, p. 67-76, 2010.

MYERS, D. G. *Psicologia*. 7. ed. Rio de Janeiro: LTC, 1999.

NUNES, João Batista. Criminologia e segurança pública: uma relação conflituosa. *Revista Brasileira de Ciências Criminais*, n. 126, 2017.

ORGANIZAÇÃO DAS NAÇÕES UNIDAS (ONU). *Declaração Universal dos Direitos Humanos*. Nova York, 1948. Disponível em: https://nacoesunidas.org/wp-content/uploads/2018/10/DUDH.pdf. Acesso em: 7 abr. 2023.

ORGANIZAÇÃO DOS ESTADOS AMERICANOS. *Convenção Interamericana sobre a Proteção dos Direitos Humanos dos Idosos*. Assunção, Paraguai, 15 jun. 2015.

ORGANIZAÇÃO MUNDIAL DA SAÚDE. Ageing. *Organização Mundial da Saúde* (OMS). Disponível em: <https://www.who.int/health-topics/ageing#tab=tab_1>. Acesso em: 13 de janeiro de 2022.

PAPALIA, D. E.; FELDMAN, R. D. *Desenvolvimento humano*. 12. ed. Porto Alegre: AMGH, 2013.

PEIXOTO, Afrânio. *Epilepsia e Crime*. [Tese de Doutorado]. Salvador da Bahia: V. Oliveira & Comp, 1898.

PIAGET, Jean. *Epistemologia genética*. Trad. Álvaro Cabral. São Paulo: Martins Fontes, 1990.

PILATI, R., & DALBERT, C. Crença no mundo justo e avaliação de políticas de ação afirmativa. *Psicologia: Teoria e Pesquisa*, 25(1), 105-114, 2009.

PROTOCOLO BRASILEIRO DE ENTREVISTA FORENSE COM CRIANÇAS E ADOLESCENTES VÍTIMAS OU TESTEMUNHAS DE VIOLÊNCIA 2020 (PBEF). Brasília, DF: Conselho Nacional do Ministério Público, 2020. 72 p.

RABELO, Lais Di Bella; SILVA, Julie Amaral. *A perícia judicial como atuação do psicólogo do trabalho*. Arq. bras. psicol., Rio de Janeiro, v. 69, n. 2, p. 230-237, 2017. Disponível em <http://pepsic.bvsalud.org/scielo.php?script=sci_arttext&pid=S1809-52672017000200016&lng=pt&nrm=iso>. Acesso em 10 jan. 2023.

RIBEIRO, L. C., & LOPES, D. Crença no mundo justo, vitimização e avaliação da polícia. *Psicologia: Teoria e Pesquisa*, 29(2), 189-198, 2013.

ROCHA, M. C. G. et al. Divórcio e saúde mental infantil: Revisão sistemática. *Psicologia: Teoria e Prática*, v. 24, n. 3, p. 96-112, 2022.

RODRIGUES, A. G.; MEDEIROS, M. P.; AMARAL, M. E. F. Acolhimento institucional de crianças e adolescentes: desafios e possibilidades de atuação do psicólogo. *Revista de Psicologia da UNESP*, v. 19, n. 1, p. 34-52, 2020.

ROGERS, Carl R. *Tornar-se Pessoa*. 6ª Ed. São Paulo: WMF Martins Fontes, 2009.

ROVINSKI, S. L. R.; CRUZ, R. M. *Psicologia Jurídica – perspectivas teóricas e processos de intervenção*. São Paulo: Vetor, 2009.

SADOCK, B. J.; SADOCK, V. A. *Compêndio de Psiquiatria: Ciência do Comportamento e Psiquiatria Clínica*. 10ª ed. Porto Alegre: Artmed, 2017.

SANTOS, A. L.; PIMENTA, M. S. Impactos do divórcio na saúde mental da família: uma revisão sistemática. *Revista de Psicologia*, v. 13, n. 1, p. 67-84, 2022. https://doi.org/10.22350/1678-897X.2022.v13n1p67-84.

SANTOS, Alessandra Ribeiro dos; AQUINO, Tania Maria de; PINTO, Ana Paula Vieira. O assédio moral no ambiente de trabalho: um estudo sobre suas formas de manifestação. *Revista de Administração FACES Journal*, v. 19, n. 2, p. 143-160, 2020.

SANTOS, E. A., CUNHA, J. A., & ARGIMON, I. I. L. Desafios e perspectivas da avaliação psicológica no sistema prisional brasileiro: uma revisão sistemática. *Revista Brasileira de Ciências Criminais*, 158(1), 481-507, 2019.

SANTROCK, J. W. *Psicologia do desenvolvimento*. Artmed, 2016.

SAWAYA, S. M. *Psicologia Jurídica no Brasil: perspectivas*. São Paulo: Vetor, 2004

SCHULTZ, D. P.; SCHULTZ, S. E. *História da Psicologia Moderna*. São Paulo: Pioneira Thompson Learning, 2005.

SECRETARIA MUNICIPAL DE EDUCAÇÃO DE PORTO ALEGRE. *Projeto de ressocialização de adolescentes em conflito com a lei*. 2020. Disponível em: https://educacao.portoalegre.rs.gov.br/projeto-ressocializacao-adolescentes-conflito-lei. Acesso em: 16 mar. 2023.

SILLA, I.; NAVARRO, J. Burnout syndrome in the legal profession. *Revista de Psicología del Trabajo y de las Organizaciones*, v. 33, n. 3, p. 165-173, 2017. DOI: https://doi.org/10.1016/j.rpto.2017.04.002.

SILVA, Alessandra Aparecida Carvalho da; OLIVEIRA, Marília de Fátima Vieira de. Violência Doméstica contra a Mulher: uma revisão bibliográfica. *Ciência & Saúde Coletiva*, Rio de Janeiro, v. 17, n. 3, p. 555-566, 2012.

SILVA, E. P. *A terapia cognitiva de Aaron Beck como reflexividade na alta modernidade: uma sociologia do conhecimento*. Psic.: Teor. e Pesq., 25(4), 529-535, dezembro de 2009. https://doi.org/10.1590/S0102-37722009000400020.

SILVA, R. B., & ROAZZI, A. A influência da mídia na formação da memória de testemunhas oculares. In *Psicologia Jurídica: Práticas e Pesquisas Contemporâneas* (pp. 81-96). Appris, 2021.

SKINNER, B. F. *Sobre o Behaviorismo*. São Paulo: EPU, 2006.

STEIN, L. M. *Falsas memórias*. Porto Alegre: Artmed, 2010.

STERNBERG, R. J. *Psicologia cognitiva*. Porto Alegre: Artmed, 2000.

SUPREMO TRIBUNAL FEDERAL. *Dicionário jurídico*. Disponível em: http://www.stf.jus.br/portal/dicionario-juridico. Acesso em: 09 abr. 2023.

THOMPSON, R. A. *Emotion regulation: A theme in search of definition*. Emotion Review, 6(1), 92-99, 2014.

TORRES, M. D., & DELL'AGLIO, D. D. Crença no mundo justo e satisfação com a vida em estudantes universitários. *Revista de Psicologia da IMED*, 5(2), 157-165, 2013.

TOURINHO, E. Z. Notas sobre o behaviorismo de ontem e de hoje. *Psicol. Reflex. Crit.* 24 (1), 2011.

TRINDADE, J. (2017). *Manual de Psicologia Jurídica para operadores do Direito*. Porto Alegre: Livraria do Advogado.

TRIPICCHIO, G. L. *Psicologia*. 2. ed. São Paulo: Saraiva, 2008.

TST; CNJT. *Prevenção ao assédio moral e sexual por um ambiente de trabalho mais positivo*. Brasília, DF: TST, 2020. Disponível em: <link para o documento>. Acesso em: 02/02/2023.https://www.tst.jus.br/documents/10157/26144164/Campanha+ass%C3%A9dio+moral+e+sexual+-+a5+-+12092022.pdf/f10d0579-f70f-2a1e-42ae-c9dcfcc1f-d47?t=1665432735176.

VIDAL, J. M. Depoimento especial e o sistema de justiça: avanços, desafios e perspectivas. *Revista de Direito, Estado e Sociedade*, 13(3), 165-184, 2018.

ZORNIG, S. M. A. As teorias sexuais infantis na atualidade: algumas reflexões. *Psicologia em Estudo*, Maringá, v. 13, n. 1, p. 73-77, jan./mar., 2008.